Angústias contemporâneas e Gestalt-terapia

CIP-BRASIL. CATALOGAÇÃO NA FONTE
SINDICATO NACIONAL DOS EDITORES DE LIVROS, RJ

A61

Angústias contemporâneas e gestalt-terapia / organização Margaret Marras. - São Paulo : Summus, 2020.
232 p.

Inclui bibliografia
ISBN 978-85-323-1150-4

1. Psicoterapia. 2. Gestalt-terapia. I. Marras, Margaret.

19-61829 CDD: 616.89143
CDU: 615.851:159.9.019.2

Vanessa Mafra Xavier Salgado - Bibliotecária - CRB-7/6644

www.summus.com.br

EDITORA AFILIADA

Angústias contemporâneas e Gestalt-terapia

MARGARET MARRAS

[ORG.]

summus editorial

Editora executiva: **Soraia Bini Cury**
Assistente editorial: **Michelle Campos**
Capa: **Buono Disegno**
Imagem de capa: **Shutterstock**
Projeto gráfico: **Crayon Editorial**
Diagramação: **Santana**

1ª reimpressão, 2025

Summus Editorial
Departamento editorial
Rua Itapicuru, 613 – 7º andar
05006-000 – São Paulo – SP
Fone: (11) 3872-3322
Fax: (11) 3872-7476
http://www.summus.com.br
e-mail: summus@summus.com.br

Atendimento ao consumidor
Summus Editorial
Fone: (11) 3865-9890

Vendas por atacado
Fone: (11) 3873-8638
Fax: (11) 3872-7476
e-mail: vendas@summus.com.br

Impresso no Brasil

Sumário

Apresentação

O livro *Angústias contemporâneas e Gestalt-terapia*, coletânea de capítulos coordenada por Margaret Marras, como o próprio título indica, aborda temas que têm promovido muito sofrimento nas pessoas na atualidade, fomentando nosso conhecimento na área e fornecendo subsídios para nossa tão necessária reflexão.

A principal abordagem dos autores é a Gestalt-terapia, linha psicoterápica que tem crescido substancialmente no Brasil e expandido seu campo de atuação, que concebe o homem sempre num processo de crescimento e desenvolvimento constantes, que transcende as fases clássicas da infância, adolescência e maturidade, e de interação com o meio em que vive. É nesse processo que reside a possibilidade de atendimento de nossas necessidades, percebidas por meio da *awareness*.

O primeiro capítulo, de Ênio Brito Pinto, aborda a questão da ansiedade e sua relação com a dificuldade de esperar, fenômeno que notamos dentro e fora dos consultórios de psicologia. O autor propõe caminhos de recuperação com saúde, paciência, atividade e confiança.

Karina da Silveira, no capítulo "Gestalt-terapia e psicossomática", busca compreender as doenças e manifestações psicossomáticas questionando os conceitos de saúde e doença no modelo biomédico, em que a presença de um implica a ausência do outro, e ampliando-os para uma compreensão gestáltica, que os considera aspectos de um mesmo processo.

No terceiro capítulo, "Atualizações na concepção de saúde e adoecimento na abordagem gestáltica", Carla Poppa se propõe a explorar algumas características do mundo contemporâneo e compreender como elas promovem mudanças nas relações familiares e no meio onde vivemos. Ademais, apresenta maneiras de oferecer suporte para as necessidades da criança e dos adultos no processo de psicoterapia.

No quarto capítulo, Margaret Marras instiga-nos a pensar em como a Gestalt-terapia pode contribuir para o desenvolvimento e equilíbrio das pessoas no âmbito organizacional. Para isso, baseia-se nas ideias de Martin Buber para fundamentar sua proposta de que os ambientes de trabalho deveriam estimular as pessoas a ter um contato Eu-Tu genuíno em lugar da prevalência das relações Eu-Isso.

Samanta dos Santos da Fonseca, no quinto capítulo deste livro, analisa o racismo e o sofrimento psíquico da população negra brasileira a partir do mito da democracia racial, da miscigenação e da ideologia do branqueamento, além de abordar a precariedade das políticas públicas que garantam seu acesso a condições dignas de saúde, educação e segurança.

No capítulo "Opção x orientação sexual: o que de fato pode ser escolhido?", Ailton Gomes buscará contribuir para a compreensão e legitimação do termo orientação sexual e valorizar os processos de subjetivação da diversidade sexual humana como condição saudável para o processo de crescimento e desenvolvimento. A homossexualidade como escolha é uma questão complexa que o autor aborda a partir de um referencial fenomenológico.

O Capítulo 7, de Bruno Antônio de Lima Nogueira, aborda a questão da masculinidade a partir da conformação de heroísmo, estoicismo e resistência. O autor chama a atenção para as consequências da masculinidade estereotipada e cristalizada e a compara à masculinidade de Esparta, na Grécia antiga.

No Capítulo 8, a partir de análises sobre as mudanças demográficas, tecnológicas e sociais, Kleiton Gomes Peixe fala sobre a longevidade. Por um lado, trata do envelhecimento biológico irreversível, mas que com ajuda da ciência e de um estilo de vida mais saudável está tendo seus efeitos reduzidos, permitindo um aumento no número de pessoas com mais de 70 e 80 anos com vitalidade e ávidos por manter a autonomia e independência. Por outro, o autor observa um distanciamento do contato entre as pessoas, acarretando um empobrecimento das relações interpessoais. Sendo assim, ele busca eliciar um diálogo de como é para o indivíduo que envelhece existir num cenário como este, visto que sua forma de se relacionar com o outro e com o mundo é pertencente a outras formas de experiências de contato.

No nono capítulo, Daniela Pupo Barbosa Bianchi e Patrícia Barrachina Camps abordam o luto percorrendo a bibliografia teórica sobre seu processo na condição de autorregulação de uma perda afetiva, assim como analisam a maneira como aspectos sociais da atualidade influenciam esse processo. Além disso, discutem como a Gestalt-terapia pode contribuir para seu manejo clínico.

O conjunto desses capítulos torna esta obra interessante para Gestalt-terapeutas, estudiosos da psicologia e para o público interessado nos assuntos da contemporaneidade.

Boa leitura!

Lilian Meyer Frazão

1
A espera e a ansiedade

ÊNIO BRITO PINTO

Partindo da constatação de que estamos vivendo uma época de incremento da ansiedade, sobretudo a patológica, penso que uma das consequências dessa ampliação das vivências de ansiedade é a deterioração – ou até mesmo a perda – da capacidade de esperar. Noto esse fenômeno – marcado pelo autoelogio da correria a que tantos se sentem prazerosamente obrigados – com relativa facilidade nos consultórios e em nosso cotidiano. Discutirei aqui caminhos para que possamos recuperar nossa capacidade de esperar com paciência e saúde, com atividade e confiança. Tenho também a esperança de que possamos ajudar nossos clientes a perceber e desenvolver a arte da espera, uma das condições da saúde existencial. Também espero que este texto seja lido com rapidez, mas sem pressa.

A ANSIEDADE E A TEMPORALIDADE

Antes de tudo, preciso esclarecer como entendo a ansiedade e a espera. Minha compreensão de ansiedade neste texto está fundamentada na Gestalt-terapia e conta com forte influência dos trabalhos de quatro autores que se debruçaram profundamente sobre o tema: Kurt Goldstein, Fritz Perls, Rollo May e Paul Tillich. Um dos pontos básicos dessa visão sobre a ansiedade nos mostra que ela é inerente ao ser humano, ou seja, não há ser humano sem ansiedade. A vivência dela é que vai variar segundo cada pessoa e cada situação, o que nos permite falar em ansiedade saudável e em ansiedade patológica, dependendo de como ela é vivida. Destaco desde já que o fator mais importante para que a ansiedade seja vivida como saudável ou não é a qualidade do contato que a pessoa tem consigo e com o fenômeno potencialmente gerador de ansiedade.

Saudável ou não, a ansiedade surge quando há a vivência de uma sensação de ameaça ao ser ou a algum valor associado a ele. Outra fonte relevante de ansiedade é a fantasia de não ter habilidade ou recursos para manejar determinada situação (Goldstein, 2000), o que, no fim das contas, leva à ameaça ao ser já citada. A ansiedade sempre deriva de expectativas catastróficas, as quais, por sua vez, são um salto para o futuro. Uma das melhores maneiras de diferenciar a ansiedade saudável da neurótica diz respeito à maneira como esse salto é dado.

As expectativas catastróficas não são o problema, mas sim o modo como elas são vividas. Ter expectativas catastróficas é típico do humano e denota sabedoria, pois elas geram cuidado e atitudes preventivas. Aquele que só pensasse positivamente no que pode acontecer seria ingênuo ao extremo, nunca sábio. Da mesma maneira, alguém que só atentasse para as expectativas catastróficas estaria sujeito a prejuízos imensos, gerados pela quantidade de evitações que acabaria por fazer. Assim, se as expectativas catastróficas são inevitáveis – mais do que isso, são necessárias –, qual é a relação delas com a ansiedade? A resposta é simples: a maneira como se as vive, se como hipóteses ou como fatalidades.

A vivência dessa tensão entre o momento atual e o momento futuro será saudável, ou não, a depender de como a pessoa lida com sua capacidade de tentar prever o futuro. Se prevê como hipótese, há ansiedade saudável; se prevê como certeza (ainda que racionalmente entenda que toda certeza voltada ao futuro é absurda), há ansiedade patológica. Assim, a ansiedade – que sempre deriva de nossa capacidade de imaginar o futuro – pode ser saudável ou adoecida a depender de como lidamos com nossas fantasias acerca do futuro. Um dos fatores que diferenciarão a qualidade da ansiedade são seus frutos – se ela gerar cuidado, é saudável; se gerar evitação repetida, é patológica. Em ambos os casos, e somando-se à maneira de lidar com as expectativas, a forma como se lida com o tempo será também fator relevante para compreender se a ansiedade vivida é ou não saudável. O cuidado com essa lida é relevante na busca de uma vida suficientemente saudável.

No que diz respeito à ansiedade, um dos critérios mais importantes para nossas compreensões diagnósticas em psicoterapia é o tempo, ou melhor, sua vivência. Como essa pessoa lida com o tempo? Como passa por ele? Como vive a sua temporalidade? Como dialoga com os três deuses do tempo, Cronos, Kairós e Aión[1]? Como transita entre os três tempos que

1. Cada um de nós pode viver três tempos: o compartilhado, mostrado nos relógios e nos calendários, simbolizado pelo deus Cronos da mitologia grega; o tempo próprio, único, vivido, representado para a psicologia fenomenológica por Kairós, na mitologia grega um dos filhos de Cronos; e o tempo da intensidade de presentificação e concentração, Aión, que Heráclito compara com uma força de entrega infantil. Os três tempos têm inúmeros encontros e desencontros pela vida afora. Talvez o diálogo mais difícil entre Cronos e Kairós (Aión intermedeia os outros dois deuses) em cada pessoa é aquele que se dá no dia a dia, que busca a contemporização entre o tempo do ser e o tempo do fazer, as atividades que nos são exigidas e o necessário tempo para contemplar, para deixar a vida fluir sem obrigações, para o ócio criativo.

usamos para compreender nossa existência – o passado, o presente, o futuro? Na ansiedade, de maneira geral é o trânsito entre o presente e o futuro que está em foco. Quando há tensão entre o presente e o futuro imaginado, há ansiedade; quando não há tensão, não há ansiedade (Perls, 1977a). Se imagino que posso ser reprovado ou aprovado em uma entrevista de emprego que farei amanhã, há risco, há tensão e há ansiedade (que pode ser perfeitamente saudável nesses casos); se imagino que daqui a pouco vou me sentar a uma mesa de um lugar conhecido e desfrutar com tempo de meu almoço, não há risco, não há tensão, não há ansiedade significativa.

Embora alguns acreditem que a maneira mais saudável de lidar com o tempo seja a busca de uma intensa presentificação, tendo a discordar disso em parte, pois acho que essa ideia precisa de ampliação. Não quero negá-la, haja vista que presentificar-se é, sim, importante para uma vida plena, mas quero ampliar essa conceituação. Creio que precisamos ter consciência de que só existimos no presente, sem perder de vista que há aqui um paradoxo notável: o presente não existe. Mal o percebemos e ele já é passado. Da mesma maneira, passado e futuro também não existem, como tão bem nos ensina santo Agostinho (2015) em suas provocadoras e profundas reflexões sobre o tempo. Então, de certa forma, a presentificação não é estritamente possível. Por isso, penso que a ênfase nela deixa de lado uma das nossas melhores qualidades, a possibilidade de flutuar entre os tempos, indo do presente para o passado, deste de volta para o presente ou em um salto indo para o futuro, para depois voltar ao passado e de novo ao presente ou ao futuro, num movimento sem fim que todos fazemos por toda a vida. Para além da desejável presentificação, parece-me que é também crucial o conhecimento cotidiano sobre como fazemos esse trânsito entre os tempos, com que ritmo e com que sentidos ou significados nos movemos pelos tempos ao longo das situações vividas.

Na verdade, não temos a possibilidade de transitar entre os tempos, dado que, a não ser em casos extremos de psicoses ou de lesões cerebrais, esse trânsito é obrigatoriedade, não escolha. O que importa mesmo, então, é com que ritmo e com que sentido transitamos pelos tempos, ou seja, *como* o fazemos. É por isso que podemos dizer que a ansiedade surge quando transitamos com tensão em direção ao futuro. A maneira como vivemos essa tensão é um dos aspectos que vão determinar se a ansiedade será saudável ou não. Essa maneira varia de pessoa para pessoa, de época para época, de campo para campo, de situação para situação. Mas ela sempre será uma cocriação da pessoa com seu campo.

A ESPERA

Uma das formas de lidar com a ansiedade a fim de mantê-la no nível saudável é a paciência, matriz da espera, a qual, por sua vez, é uma das virtudes mais em falta hoje em dia. A espera, tal sua importância, é personagem de inúmeros ditados populares e canções, ora elogiada, ora criticada. "Quem espera desespera"; "Quem espera sempre alcança"; "Tudo vem a propósito para quem sabe esperar"; "Esperar é virtude do forte"; "Ser paciente e esperar alivia muito pesar"; "Quem sabe faz a hora, não espera acontecer". E por aí afora vão seguindo os ditados, as reflexões, os poemas, os textos curtos a falar da espera, essa atividade humana que não tem um valor por si só, mas depende das circunstâncias. Assim, em alguns momentos esperar é ato de esperança, enquanto em outros, de cansaço; há momentos em que espera é passividade e há outros em que é atividade; há momentos em que esperar é bom e há aqueles em que esperar é ruim; há esperas doces e esperas amargas. Há pessoas que nos procuram em terapia para aprender a esperar, ao passo que outras nos procuram para aprender a não esperar tanto. Como diferenciar? Como discriminar a hora de esperar da hora de agir? Essas respostas também dependem das circunstâncias, mas algumas generalizações podem ser úteis em nosso cotidiano e nas situações de psicoterapia.

Há muitos anos, eu atendia um homem que era extremamente passivo em áreas fundamentais de sua vida. Ele percebia que tinha de tomar determinadas atitudes e que as postergava na maioria das vezes. Certa vez, em uma sessão, ele me disse: "Eu sou paciente demais!" Brincando a sério, respondi a ele com um improviso que lhe foi bem útil: "É, você é paciente, mas com dois esses. *Passiente*". Essa brincadeira com as palavras acabou sendo uma boa provocação para meu cliente; ele tomou consciência de sua passividade e passou a agir melhor diante dela (Pinto, 1995, p. 19-20).

Penso na espera como uma arte e tendo a dividi-la em dois tipos: uma mais passiva, introjetora e moralista, provocadora de ressentimentos, raivosa e controladora, é guiada por Cronos; a ela se contrapõe, também no terreno de Cronos, a pressa; outra, mais ativa, assimilada e ética, mais fundada na calma e na confiança, é guiada por Kairós e a ela se contrapõe, também no terreno de Kairós, a rapidez. Se estou dirigindo meu carro e paro em um sinal vermelho porque se não o fizer serei multado (introjeção), o sinal verde demorará uma chata eternidade para aparecer; porém, se o faço porque compreendo que às vezes é preciso que eu pare para que outros andem, e que logo outros pararão para que eu ande (assimilação ética), o sinal verde virá em um tempo vivido como razoável. No primeiro caso, temos a vivência da pressa; no segundo, a possibilidade da rapidez. No primeiro caso, temos o que chamo de espera passiva, baseada em introjeções, fruto e geradora de ressentimentos e de falta de empatia; no segundo caso, o que chamo de espera ativa, fruto de um posicionamento que considera empaticamente o campo e gera solidariedade.

Se na ansiedade se enfatiza o futuro, é evidente a relação entre a qualidade da ansiedade e a qualidade da espera. Penso que a boa espera (a ativa) é fruto do diálogo entre a ansiedade e a paciência, sendo uma boa retroflexão. A espera ativa engendra e nutre responsabilidades, ao passo que a pressa (advinda da espera passiva), que depende de projeções e introjeções disfuncionais, gera acusações, vitimizações e culpas improdutivas. Mas não custa lembrar agora que a introjeção é um movimento relativamente passivo; a assimilação, que deve se dar em sequência à introjeção, é que constitui o movimento ativo. Assim, essa é a base para que se possa falar em espera passiva e espera ativa.

Como vimos, a espera é cocriação; não é fruto apenas da pessoa, mas da fronteira desta com seu campo. É à qualidade cocriada da espera que quero dar atenção agora, começando pelo campo, nosso mundo pós-moderno. Levantarei alguns aspectos de nossa atualidade que, me parece, influenciam a deterioração da qualidade da espera. Dados os limites deste ensaio, elegerei quatro desses aspectos para refletir.

Um mundo que deveria ser rápido tornou-se apressado

Neste tópico vou contrapor pressa e rapidez e fazer reflexões sobre a diferença entre essas duas atitudes ante a vida, ante as vivências e ante os fenômenos, mas quero deixar desde já bem claro que no outro polo estão a calma, o respeito pelo próprio tempo, a lentidão bem-aceita quando se precisa ser lento – atitudes que a rapidez respeita e com as quais dialoga, ao contrário da pressa, a qual tende a qualificar a calma como doentia ou, no mínimo, como desperdício de tempo e de vida. Entendo também que a rapidez é confiante, ao passo que a pressa é sustentada pela ansiedade patológica.

Pensar no mundo atual é pensar, entre outros aspectos, em progressos conquistados com rapidez inimaginável décadas atrás. Tanta rapidez que nos tem levado, sub-repticiamente, a entrar em processos de apressamento, de ansiedade patológica. Após a segunda metade do século 20, o Ocidente alcançou notáveis progressos materiais e relacionais, mais os primeiros que os segundos. No que diz respeito à questão dos progressos materiais, lembro que eles são básicos para a ampliação da vida e da qualidade de vida de que dispomos hoje na maior parte do mundo. Quanto aos relacionais, parece-me que, embora nesse aspecto se possa perceber uma significativa evolução nas últimas décadas – como, aliás, já previa Carl Rogers (1986) –, é aí que o ser humano mais precisa evoluir. E precisará, para isso, lidar criativamente com a arte de esperar.

As pessoas, em tese, terão cada vez mais tempo para esperar, pois a expectativa de vida da humanidade cresceu praticamente 170% nos últimos 100 anos. Quem nascia em 1910 tinha uma expectativa de vida em torno de 33,4 anos; para os nascidos em 2016, a expectativa será de 76 anos, aumentando ano a ano, devendo passar de 80 anos antes de 2030. Ainda assim, vive-se com mais urgência e com menos paciência (a matriz da espera) e menos empatia do que quando se esperava viver menos.

Todos os progressos que alcançamos como cultura nas últimas décadas trazem mudanças, alteram o cotidiano, propõem novos horizontes e demandam novas posturas éticas. Assim, quanto mais progredimos materialmente, mais estamos desafiados a rever nossas relações conosco mesmos, com os outros, com o ambiente, com o mundo, com o tempo.

Voltando a atenção para a questão da rapidez e da pressa, nota-se que obtivemos espantosas melhoras no que diz respeito à qualidade de vida, sobretudo nos quesitos conforto e rapidez. Vejamos um exemplo na área de telecomunicações. Nasci em uma pequena cidade das Minas Gerais, Itanhandu. Saí de minha terra natal muito criança, por causa da profissão do meu pai. Naquela época, um gerente de banco não podia morar em uma mesma cidade por mais de quatro anos, de maneira que éramos verdadeiros ciganos, no máximo a cada quadriênio morando em uma cidade do Brasil. Por volta de 1962, morávamos em Ituverava, no estado de São Paulo, distante mais de mil quilômetros de Itanhandu. Quando minha mãe queria falar com minha avó, tinha de fazer um interurbano. Ela pegava o telefone, ligava para a telefonista e pedia uma conexão com o número da minha avó em Itanhandu. A telefonista anotava o pedido e lhe dava uma previsão de tempo de espera, nunca inferior a 12 horas. Minha mãe confirmava que, ainda assim, gostaria que a telefonista tentasse a ligação, e ficava esperando. Às vezes, essa ligação se completava somente no dia seguinte! Isso há apenas 50 e poucos anos, e entre dois dos estados mais ricos do país! Nem preciso comparar isso com os celulares e internet de que dispomos hoje, um tempo de instantaneidades. Cada um de nós que tenha mais de 50 anos é capaz de se lembrar de algum espantoso e veloz progresso conquistado e a ser comemorado em nosso mundo cada vez mais plugado.

Penso que um dos efeitos não intencionais dessas conquistas com relação ao tempo foi um certo domínio que a pressa acabou por ter sobre as pessoas, gerando ansiedade quando deveria gerar proximidade, desejo de controle quando deveria gerar aproximações, superficialidade quando deveria gerar intimidade. Esperava-se que com o avanço das comunicações, com a maior possibilidade de atualização das notícias sobre o mundo e sobre as pessoas queridas teríamos um tipo de contato mais afetivo, franco, amoroso, paciente e demorado. Não foi isso o que aconteceu. Os contatos vão se tornando mais superficiais e utilitários, mais secos e esquivos, embora mais abundantes. Abundância que denuncia carências que são pouco discutidas.

É fato sabido e discutido por muitos que uma das coisas mais importantes para as pessoas é a confiança de que a vida faz sentido. Do ponto de vista fenomenológico, nós, humanos, inevitavelmente damos um sentido às nossas experiências, transformando-as em vivências. No correr da vida, da infância à velhice, uma de nossas fontes de sentido mais importantes é a cultura na qual vivemos. Dizendo de outro jeito: as pessoas sempre buscam um sentido para a própria vida, e essa busca tem um fundamento cultural, quase sempre apresentado a princípio pela família de origem. O jovem, por exemplo, vai desejar, como sentido existencial, o que a cultura lhe coloca como desejável. Se a cultura lhe diz que o bom é ser rico e famoso, o jovem desejará, em alguma medida, ser rico e famoso; se a cultura lhe disser que o bom é ser culto, ele buscará, de novo em alguma medida, ser culto; se a cultura lhe disser que o bom é ser empreendedor, ele será (ou sonhará ser) um empreendedor. Assim, ao formarmos nossos valores mais essenciais, somos influenciados pela cultura, representada pela família, pela religião, pela escola, pela mídia – enfim, por todas as instâncias culturais capazes de influenciar pessoas. No Ocidente, hoje, de forma sutil e constante somos treinados a negar a sabedoria de nosso organismo (a fonte da autonomia) em prol de uma adaptação heterônoma.

Nesse processo, o que diz em suas entrelinhas nossa cultura acerca de valores? Muita coisa, das quais quero destacar aqui uma que tem relação com nosso tema: a boa vida é baseada na correria. Noto isso, por exemplo, em conversas de elevador. Chego ao meu prédio, encontro um vizinho no elevador e o comentário que surge, quando não é sobre o tempo, versa sobre a correria da vida. "Tenho corrido tanto!"; "Hoje em dia não dá tempo para nada!"; "Não consigo parar!" – e por aí afora vai se revelando o que tem valor para as pessoas de nossos tempos em nosso país, notadamente nas grandes cidades. Há uma naturalização da correria, como se ela fosse boa e inevitável. E ela não é boa nem inevitável, pelo menos na maior parte do tempo. Mas formou-se um autoelogio repetido em toda oportunidade: eu corro muito, não posso parar, sou uma pessoa ocupada e isso me faz feliz (ou infeliz, depende do tom da narrativa) e importante, mais feliz (ou infeliz) e importante que as outras pessoas. E ninguém se pergunta a sério por que corre tanto nem se precisa fazê-lo. Correr, respirar de forma esbaforida, acelerar, tudo isso tornou-se prova de distinção, fórmula praticamente única de ter progresso neste mundo tão líquido (Bauman, 2001). Mas a que custo?

Esquecemo-nos de que as relações Eu-Tu (Buber, 1974) não cabem na pressa nem em meios informatizados, e abrimos um espaço oceânico para as relações Eu-Isso, estas agora cada vez mais superficiais e fundadas na aparência, desprovidas de empatia e vazias de responsabilidades. O contato se empobrece, como se empobrece a refeição em restaurantes por quilo, nos quais a oferta é tamanha que comemos em excesso sem nem sequer perceber direito os sabores.

Com essa pressão da pós-modernidade no sentido da pressa, da precocidade (quantos pais não elogiam a alfabetização precoce do filho sem se dar conta de que é imensa a probabilidade de que por isso sua compreensão dos textos seja comprometida no futuro?), com a valorização do concreto em detrimento do simbólico, com a excessiva monetarização da vida social e pessoal, e, especial e delicadamente, com o desenvolvimento da informática, o mundo e as relações se liquefazem, como tão bem apontam Bauman (2001, 2004, 2011), Morin (2013) e tantos outros pensadores atuais.

A informática, se possibilitou conquistas admiráveis, exerce papel determinante na relação que temos hoje com o tempo e com a espera, pois gera a sensação de que se pode estar no mesmo momento em vários lugares (praticamente em todos eles), dando valor a imediatismos, a sensações de que se pode fazer mais do que cada coisa a sua hora, naturalizando a aceleração ansiosa do cotidiano. O mundo se liquefaz, a vida se liquefaz, as relações se liquefazem. E o líquido nos invade sutilmente, fazendo confundir desejo com necessidade, progresso material com felicidade, troca de mensagens com intimidade, quantidade de supostos amigos com amizade sincera. Esse caldo precisa de coagulantes, atitudes que permitam um melhor equilíbrio entre o líquido e o sólido, que possibilitem um adensamento da vida e das relações. Bauman (2011) aponta a solitude, entre outras vivências, como um possível meio para se adensar a vida. Morin (2013) acentua a inclusão, a convivialidade e a estética como virtudes que necessitamos conhecer melhor, revisar e ampliar. Eu acredito que também a revisão da arte da espera tem efeito semelhante e igualmente terapêutico.

A espera de minha mãe ao telefone enriquecia o diálogo a custo conseguido com minha avó. Hoje, se uma mensagem não recebe resposta em poucos minutos, há ansiedade, ressentimentos, sensações de desvalor. Não, não acho que aquela espera de 1962 seja exemplar, mas ressalto que estamos trocando rapidez por pressa e não paramos para pensar que a pressa é inimiga da rapidez. A rapidez é desejável, mas se não dialoga com a possibilidade da espera torna-se pressa e deteriora o contato – assim como um carro rápido, se dirigido com pressa, amplia o risco de acidente. A pressa é afobada, a rapidez é objetiva; a pressa é precipitada, a rapidez é atenta; a pressa é ansiosa, a rapidez é ágil. Se pressa e rapidez são atitudes diante de situações e da própria existência, podemos dizer que a rapidez é uma atitude embasada no presente, no bom ritmo de passagem entre os tempos, ao passo que a pressa se apoia no futuro, é praticamente estagnada no futuro, e talvez essa seja a principal diferença entre elas. Enfim, no mundo atual, quando, na condição de cultura e na condição de pessoas, estávamos a ponto de conseguir mais rapidez, acabamos conseguindo mais pressa; onde esperávamos alcançar calma agilidade, alcançamos ansiedade patológica. Como compreender e mudar isso? Será ainda possível fazê-lo? Precisamos mudar para mudar tal contexto?

Raízes por âncoras, uma troca inevitável

As conquistas materiais que a humanidade vem conseguindo têm repercussões no jeito de viver, nas relações que cada um de nós estabelece consigo mesmo, com os outros, com o mundo e com o tempo. À medida que uma cultura progride materialmente, esse progresso provoca a queda de alguns valores, por obsoletos, e exige o surgimento de novos. Esse processo, em geral lento, nem sempre é retilíneo e quase nunca tranquilo. Hoje, em nossa cultura ocidental, passamos rapidamente por um desses momentos de transição. Há uma série de valores que já não nos servem mais, mas ainda não desenvolvemos novos valores que nos acalmem o coração. Vivemos, por assim dizer, uma crise de valores – aliás, fato inerente a todo crescimento. Como humanos, somos sempre em parte conservadores e em parte inovadores, e temos, a todo momento, nossa coerência desafiada, agora com uma rapidez nunca imaginada. São tempos difíceis esses nossos! Mas, embora difíceis, parece-me que mantêm um modo de mudança que se repete ao longo da história humana (pessoal e cultural). Há uma tradição que oferece segurança, confiabilidade, certa previsibilidade, e isso tudo possibilita uma estrutura, a qual, por sua vez, abre caminho para necessárias mudanças, dado que também somos seres processuais. Dessa forma, o novo se apoia no velho e o transforma, criando uma nova tradição, que abrirá espaço para um novo processo e novas transformações, infinitamente. Esse é o processo de assimilação em uma cultura e em uma existência pessoal, o qual podemos notar, por exemplo, nas transformações sofridas pelas relações pais-filhos ao longo do tempo: se antes os filhos só tratavam os pais cerimoniosa e obedientemente por "senhor" ou "senhora", hoje o "você" impera, denotando mudanças processuais nessas relações, as quais, ainda assim, mantêm a estrutura tradicional da verticalidade – agora mudada, mas ainda necessária e existente.

No entanto, sempre há aqueles que não conseguem deixar as introjeções e se tornam tradicionalistas. Estes compõem uma espécie de resistência, movimentos que de tradicionais se tornam tradicionalistas e, assim, lutam contra mudanças, não aceitam processos. O tradicionalismo é como um calo na planta do pé da cultura – atrapalha a caminhada, tornando-a mais dolorida, e às vezes chega mesmo a impedir o caminhar por algum tempo. Mas esses calos têm tratamento e podem ser temporariamente extirpados, até que retornem, exigindo novos cuidados (terapêuticos). Esses movimentos costumam perder suas guerras, embora muitas vezes cobrem preços exorbitantes pela derrota. Como exemplo, podemos pensar nos fanatismos religiosos que não aceitam novas hermenêuticas ou novas práticas. Podemos, ainda, pensar nas retóricas que propõem uma educação isenta de ideologias, como se isso fosse possível – ou como se esta já não fosse uma proposta por si só ideológica (Burow e Scherpp, 1985).

Ao corrermos os olhos pela história da humanidade, verificaremos que o nascimento da sociedade capitalista rompeu uma tradição e trouxe uma grande mudança no posicionamento humano diante do mundo e da vida: antes do capitalismo havia certa predeterminação à espera do ser humano quando ele nascesse: a pessoa nascia com um lugar social determinado e com um destino, de certa forma, já traçado, de modo que, por exemplo, quem nascesse camponês, camponês morreria. Não havia expectativas diferentes disso, e, na prática, tampouco possibilidades de escolha – o enraizamento era quase total. A partir do advento do capitalismo, o ser humano já não está mais inserido de maneira aparentemente natural e imutável numa situação social. Pelo menos em tese, ele pode escolher seu lugar no mundo, pode escolher seus valores, o que acabou por enfraquecer uma ética baseada nos costumes, na repetição, de geração a geração, dos valores e comportamentos. Dessa maneira, a liberdade, na condição de categoria ética, acaba por viver um crescimento perante os outros valores, substituindo, de certa forma, a antiga busca da felicidade como valor supremo. Se antes a liberdade nem sequer era pensada como valor, agora a felicidade depende da liberdade e de sua consequente – e ansiogênica! – possibilidade de escolher (Heller, 1985).

Nossas escolhas são feitas em um ambiente, em uma cultura, em um campo. Essa cultura influencia a maneira como fazemos nossas escolhas pela vida afora; influencia, inclusive, a maneira como escolhemos nossos valores. Desse modo, assim como uma cultura muda em função de suas conquistas, mudam também as pessoas nelas inseridas e os valores dessas pessoas e da cultura. Cada novo saber nos coloca diante da obrigatoriedade de escolher. Hoje há uma séria preocupação com a possibilidade de em pouco tempo as pessoas não saberem mais escrever à mão, tal a força da digitação. Assim, a lida com a novidade, ainda que a desejada, muda de forma de acordo com a época e a cultura, mas sempre exige coragem, apoio na tradição para, paradoxalmente, transformá-la.

Nossas escolhas não são feitas APESAR da cultura em que vivemos, mas NA cultura em que vivemos, concordemos com ela ou não. E cada cultura também faz suas escolhas e privilegia determinados jeitos de ser. Nossa cultura ocidental do século 21 é marcada por múltiplos e multifacetados saberes. Ela nos obriga a constantes escolhas e torna cada vez mais difícil a sensação de coerência, ampliando o terreno fértil para a ansiedade, notadamente a patológica.

Mudanças culturais sempre existiram, embora mais lentas que as atuais, mas há um fator que é relativamente novo e pode estar na base da pressa em nosso mundo atual: estamos perdendo as raízes. Elas estão sendo trocadas por âncoras (Bauman, 2011), e esse processo, penso eu, é irreversível, embora doloroso.

Quando havia pouquíssima possibilidade de escolha, havia mais raízes. A vida era mais previsível, e a previsibilidade era um valor de alta importância. Sobretudo depois da Segunda Guerra Mundial em diante, a redução da previsibilidade do mundo foi pouco a pouco se tornando figura e gerando novas ansiedades. O filho do camponês não necessariamente será camponês; uma guerra atômica pode liquidar a humanidade; um vírus fatal pode se disseminar pelo mundo globalizado de maneira muito rápida, ameaçando populações inteiras; um atentado terrorista pode acontecer na esquina de casa; o desemprego pode surgir repentinamente e ser duradouro; acidentes de carro acontecem mais com jovens. No plano pessoal, meu conhecimento profissional pode, repentinamente, tornar-se inútil; uma máquina pode, repentinamente, ser mais produtiva do que eu; minha profissão pode acabar, por desnecessária; a aposentadoria pode, repentinamente, já não ser mais suficiente; uma bala perdida pode estar em meu caminho; o casamento já não é mais para sempre, assim como a identidade; os amigos já não são mais os mesmos; o amor já não é mais eterno. As raízes são arrancadas da terra cada vez mais facilmente, sobretudo em função da mobilidade e da ampliação da liberdade – o cidadão é cada vez mais um cidadão do mundo, cada vez menos o cidadão de um país, de um estado, de uma cidade. As ansiedades que as pessoas trazem para nossos consultórios não são as mesmas que eram levadas quando a psicoterapia se tornou saber compartilhável. Sua forma de espera também é diferente.

A tradição (raízes) por muito tempo proveu respostas para as dúvidas, para as escolhas, para as ansiedades. Era só fazer como sempre se fez, como seus pais fizeram, como seus avós fizeram, como seus antepassados fizeram. Isso acalmava, ao mesmo tempo que limitava. Ou acalmava porque limitava por meio de um impedimento externo. A escolha, boa ou má, já estava feita. Esperar era muito mais fácil, dado que o resultado era (imaginava-se!) mais previsível. Os desafios da vida eram mais previsíveis e, ao menos em parte, já tinham sido resolvidos pelas gerações anteriores. As raízes eram confiáveis – bastava seguir os livros antigos.

Mas o mundo se liquefez e, concomitantemente, novas hermenêuticas surgiram na onda de inovações, novas referências apareceram e conquistaram lugar, desacomodando corações e mentes. Era tentador, cada vez mais tentador e desejável soltar correntes, despregar raízes, saborear liberdade. Liberdade e ansiedade são tão inseparáveis que Rollo May (1987) as vê como corpo e sombra. Diante da renovada ansiedade, como fazer para que ela não se torne patológica? Que seguranças podem dar suporte? As raízes, como antigamente? Mas as raízes já não são profundas o bastante para nutrir a coragem, a casa paterna já foi vendida, demolida e em seu lugar há um edifício novo. Para algumas escolhas, certas raízes se tornaram inúteis, dado que são velhas respostas que não atendem a novos problemas. Porém, o abandono das raízes, ou sua troca pelas âncoras, não significa invalidá-las, mas manter seu sentido simbólico com outra concretude. Se a casa paterna foi demolida, ela ainda resta nas lembranças do terreno e do endereço que hoje sustenta outro imóvel. Em outros termos, as raízes que se tornam âncoras continuam dando sustentação aos valores mais norteadores, pois agora, mais do que nunca, continuam sendo símbolos, e os símbolos não morrem, dado que podem se transformar. Por exemplo, se a raiz "família" continua a ser núcleo importante de identidade, ela hoje, âncora, não se circunscreve apenas a ter como base casais heteroafetivos, mas abarca também casais homoafetivos, além de outras formas de aglutinação suportiva de pessoas que a criatividade humana engendra.

Assim, se alguma segurança é necessária, algum adensamento é necessário; por mais que o líquido prevaleça, acabou por restar às pessoas a segurança das âncoras, o mais assemelhado a raízes que nossos tempos podem possibilitar. Com uma diferença fundamental: as âncoras são mais facilmente removíveis ou transformáveis e, por isso, permitem maior mobilidade e maior criatividade. Ao mesmo tempo, porque móveis, são menos confiáveis. Resistirão às tormentas como as raízes prometiam resistir? Não há resposta ainda. Porém, não se pode mais voltar às raízes: há que se ajustar criativamente às âncoras. E aprender a ter prazer, sentido e segurança suficientes nisso, para que a ansiedade seja apenas saudável.

Penso que encontrar segurança na ancoragem em vez de no enraizamento é um dos mais importantes e interessantes desafios da atualidade. A vida requer nova consciência, nova ética, novas coragens, as quais precisam de paciência, de espera ativa para desabrocharem no espaço que ainda lhes é potencial e que, neste final da segunda década do século 21, sofre assustadores ataques em várias partes do mundo ocidental, sobretudo por dois lados: de um, com o crescimento de ideologias eugenistas e contrárias à diversidade; de outro lado, o sutil e sedutor incentivo para que se vivam como urgências desejos que nem são tão urgentes assim.

Imediatismos, urgências, ou aproveita porque vai acabar logo

Novas ansiedades, novas necessidades e novas formas de espera. A espera agora mais ameaçada pela ansiedade, uma ansiedade ampliada pela consciência dos limites cada vez mais estreitos de previsibilidade da e na vida. A pressa instiga a viver tudo, a viver o mais possível e o mais intensamente possível, pois tudo pode acabar em segundos. Imediatismos. Doloridos imediatismos, tentadores imediatismos são incentivados, sobretudo pela economia. O computador fica obsoleto em um ano, o celular em seis meses, o carro modelo 2019 é vendido a partir de março de 2018. Dia desses, eu assistia à TV e vi uma propaganda que me pareceu típica de nossos tempos: anunciava-se um pó alimentar que deveria ser misturado com água e substituiria as refeições, "para que você tenha mais tempo para você mesma". Preparar a comida, almoçar saboreando-a, para quê? É perda de tempo. Com igual perigo, já há quem defenda que uma sessão de psicoterapia durar uma hora é exagero, pode ser feita em 30 minutos, se tanto...

O aqui e agora tão caro à Gestalt-terapia adquire um sentido que é diferente daquele proposto pelos iniciadores da abordagem gestáltica e por algumas religiões. Ele se veste de um olhar inconsequente para com o futuro em vez de ser uma concentração responsável no vivido a cada instante. Para muitos, viver o aqui e agora é negar a fruição pelo tempo, é concentrar-se nesse exato momento como se não houvesse amanhã, retirando do momento toda a seiva que se queira, mesmo que ele não possa dar. É tomar do chão, ainda que com violência e sem ética, o que é um broto, um potencial. Porque a vida urge, os desejos clamam e não podem negociar. Enfim, é um aqui e agora aflito e cada vez mais irresponsável, fruto da incapacidade de lidar com a frustração, sobretudo a frustração dos desejos. Impulsividade é o que resta, e ela alimenta a pressa. Espera e solidão, suportes fundamentais para se lidar com as frustrações de nossos desejos, têm cada vez menos valor na sociedade na qual somos, cada um de nós e todos nós, cada vez mais descartáveis em nossas líquidas relações.

A capacidade de concentração, matriz da aprendizagem pela descoberta, vem há muito sendo trocada pela capacidade de repetição. Repetição sem reflexão. Repetição sem atenção à sabedoria intuitiva organísmica. Explicação cada vez mais se sobrepondo à compreensão. No peito, dolorosos vazios a exigir ruídos, muitos ruídos. Na sala de aula, não se desligam os celulares, pois alguma urgência pode chamar. Mal o avião pousa e já se ouvem os agoniados sons do WhatsApp a anunciar imprescindíveis comunicações. O almoço em restaurante se faz de olho na TV e/ou no celular, o corpo sendo distraído ao receber o necessário alimento. Esperar vai se tornando um dom cada vez mais raro, assim como a capacidade de concentração. O silêncio mais angustia que conforta, se é que ainda conforta.

No aqui e agora de nossos tempos o futuro praticamente só aparece como projetos, como metas, raramente como horizontes. As metas são elogiadas; as esperanças, não. As metas são necessárias, é certo. Mas são melhores quando em diálogo com os horizontes. Entendo por projetos (ou metas) os sonhos alcançáveis, aquilo pelo que nos esforçamos conscientemente por determinado tempo. Ao menos em tese, os projetos são exequíveis por meio de ações humanas. São fruto de uma mirada desejosa para o futuro e dos movimentos em direção à realização possível desses desejos. Enquanto os projetos são alcançáveis, os horizontes são inalcançáveis – quando se chega a eles, estes já não estão mais lá, já nos chamam de mais além. Assim, o projeto é concretude, o horizonte é abstração. O horizonte alimenta a espera ativa, de modo que, sem ele, só resta ao projeto a espera angustiada derivada da ansiedade patológica. O projeto me diz da profissão que escolho ter; o horizonte aninha o profissional que sou. O projeto se apoia na moral; o horizonte, na ética. O projeto almeja o sucesso; o horizonte, a realização. Quando horizonte e projeto dialogam com calma, fazem nascer no coração a possibilidade da espera habilidosa, o trato amoroso e confiante com o tempo, o qual, por sua vez, dá suporte à mais importante e mais difícil espera, a espera do fim.

Esperando a morte chegar

Nesse mundo de dificuldade de lidar com a espera, não admira que a espera da morte seja praticamente assunto proibido. Mas precisamos falar sobre ela, pois sem morte não há vida. O fato de saber que morreremos um dia, aliado ao fato de não sabermos quando isso vai acontecer, coloca a morte em um ponto central da vida, o ponto do sentido. Embora o procure por toda a vida, só poderei saber mesmo que sentido teve minha vida quando estiver à beira da morte, e assim mesmo só se estiver bem consciente nesse momento, o que é para pouquíssimos (Frankl e Lapide, 2013). Até que isso aconteça, vamos provisoriamente construindo sentido para nossa vida – e é bom mesmo que ela nos confirme esse sentido temporário e necessário –, mas saber, saber mesmo, só esperando a hora da morte.

Temos nesse ponto um dos mais ricos paradoxos da existência: a espera que não é espera. A morte não se espera, ela é certa, e, já que é certa, no cotidiano a esquecemos. Mas ela está presente, colorido mais importante do fundo que faz da vida a figura realçada. Não há figura sem fundo, de modo que acabamos por precisar da morte e do morrer para compor o sentido da vida e do viver.

Viver é, de certa forma, esperar a morte. Espera ativa e viva que acontece entre o nascimento e a morte. Não sabemos de onde viemos (se é que viemos de algum lugar) nem para onde iremos (se é que iremos a algum lugar); só temos a vida, esse intervalo terreno. E a vida bem vivida tem esse paradoxo na lida com a morte e o morrer: algo está negado e inexoravelmente presente ao mesmo tempo. Como nossos batimentos cardíacos. Como a circulação de nosso sangue. A morte é um dos nossos mais ricos potenciais, pois é aquele que desperta todos os outros – se não morrêssemos, para que cuidar da vida? Se tivéssemos toda a eternidade para viver, tudo ficaria para depois. Sem a morte não haveria sexo. Então, porque esperamos a morte, crescemos, amamos, nos desenvolvemos, desfrutamos da existência antes que a morte chegue.

A morte está no horizonte mais nítido e certo. Nos encontraremos com ela em um dado momento que não nos é possível prever. Esperamos por ela por toda a vida. Então, precisamos compreender como é essa espera para que possamos fazer dela fonte de crescimento e de sentido. Não pode ser uma espera consciente em todos os momentos, mas é preciso haver momentos em que essa consciência esteja presente, pois sem eles não há como compor sentido para o intervalo de existência. O fundo, para ser significativo, precisa tornar-se figura eventualmente, para voltar fortalecido a ser fundo, alimentando-se desse ritmo como o amor se alimenta do olhar.

Aqui a pressa é letal. Há pessoas que não toleram a espera e apressam a morte, o que é uma pena. Penso que lhes falta a virtude da curiosidade, outro dos alimentos da boa espera. Certamente um dia cada um de nós descobrirá o que é e como é morrer. Ninguém escapa disso. Então, para que apressar esse conhecimento? É muito melhor a alternativa de olharmos com curiosidade a vida, pois ela também é desconhecida, sempre desconhecida e imprevisível, por mais tempo que a gente viva. A vida nunca perde a capacidade de nos surpreender, se nos entregamos a ela e esperamos. Isso se não a tentamos controlar, se tratamos apenas de cuidar dela, se evitamos ao máximo as evitações. Se vivemos com coragem. E coragem ante a vida é também coragem ante a morte, como bem demonstraram poetas, religiosos e filósofos ao longo dos séculos. Mas há quem não os tenha lido ou ouvido, e esses, tão numerosos hoje, lidam com o misterioso diálogo entre vida e morte de maneira simplista.

Muitos defendem que nossos problemas cotidianos poderiam desaparecer se soubéssemos que morreríamos na semana que vem. Já que vou morrer mesmo, para que me preocupar com tais problemas? Isso me parece de um simplismo assustador, negação de uma das mais belas capacidades humanas, o poder de buscar e criar sentido para o vivido e se orientar por isso. Um poder que deriva do cuidado com a dialética vida-morte-vida à qual estamos destinados (Estés, 1995). O argumento que essas pessoas usam desqualifica o vivido agora negando a paradoxal incerteza da morte (quando? Como?), como se essa incerteza não fosse crucial para as melhores realizações humanas. Busca-se negar o futuro incerto tomando-o como certo. Pretende-se enfatizar o aqui e agora, mas o que se consegue é a negação do lá e então como também lugar de crescimento. Desqualifica-se também a busca de sentido existencial, o qual fica reduzido a preocupações tolas. Toca-se aí numa das mais comuns fantasias humanas, presente em inúmeras obras, de filmes a livros: a ideia de que a vida prescindiria da morte. Mas como, se uma é que dá sentido à outra? Somos destinados a viver imersos na dialética vida-morte-vida, dilema humano inescapável e matriz da doação paciente e paulatina de sentido à vida.

A morte de alguém é também um ato no campo, um ato que não se esgota na estrita individualidade. Como isolar uma pessoa do campo? Ainda que tomemos a morte como o final definitivo e a definitiva não responsabilização para com a continuidade da vida, ainda assim é preciso que nos debrucemos sobre a vida até seu fim, confiantes de que, entre outras coisas, nossa história e nosso exemplo honrarão a memória e permanecerão vivos nos grupos de pertencimento, independentemente de qual destino se possa ter ao morrer.

Não é negando a morte e o morrer que esperamos da melhor forma, mas é tendo-os presentes que nos arriscamos a viver com mais coragem e plenitude. É tendo-os presentes que podemos esperar o morrer vivendo de modo frutífero e responsável.

Concluindo, espero ter mostrado que a espera e a ansiedade podem ir ao encontro uma da outra de forma rica e fértil para a existência humana. Quando em bom contato, podem promover crescimento bem sustentado, apoiado na percepção sábia de que tudo tem seu tempo próprio, e de que há tempo para tudo que precisa ser vivido.

REFERÊNCIAS

BAUMAN, Z. *Modernidade líquida*. Rio de Janeiro: Jorge Zahar, 2001.

______. *Amor líquido: sobre a fragilidade dos laços humanos*. Rio de Janeiro: Jorge Zahar, 2004.

______. *44 cartas do mundo líquido moderno*. Rio de Janeiro: Jorge Zahar, 2011.

BUBER, M. *Eu e Tu*. São Paulo: Moraes, 1974.

BUROW, O.; SCHERPP, K. *Gestaltpedagogia: um caminho para a escola e a educação*. São Paulo: Summus, 1985.

ESTÉS, C. P. *Mulheres que correm com os lobos*. Porto Alegre: Rocco, 1995.

FRANKL, V. E.; LAPIDE, P. *A busca de Deus e questionamentos sobre o sentido*. Petrópolis: Vozes, 2013.

GOLDSTEIN, K. *The organism*. Nova York: Zone Books, 2000.

HELLER, A. *O cotidiano e a história*. Rio de Janeiro: Paz e Terra, 1985.

MAY, R. *Psicologia e dilema humano*. Rio de Janeiro: Zahar, 1977.

______. *Liberdade e destino*. Rio de Janeiro: Rocco, 1987.

MORIN, E. *A via para o futuro da humanidade*. Rio de Janeiro: Bertrand Brasil, 2013.

PERLS, F. *Gestalt-terapia explicada*. São Paulo: Summus, 1977a.

______. *A abordagem gestáltica e testemunha ocular da terapia*. Rio de Janeiro: Zahar, 1977b.

______. *Ego, fome e agressão: uma revisão da teoria e do método de Freud*. São Paulo: Summus, 2002.

PINTO, E. B. "Devagar que eu tenho pressa". *Revista Viver Psicologia*, ano 3, n. 31, abr./maio 1995, p. 19-20.

ROGERS, C. R. *Sobre o poder pessoal*. São Paulo: Martins Fontes, 1986.

SANTO AGOSTINHO. *Confissões*. Petrópolis: Vozes, 2015.

TILLICH, P. *A coragem de ser*. Rio de Janeiro: Paz e Terra, 1977.

2
Gestalt-terapia e psicossomática

KARINA DA SILVEIRA

Aqueles que dançavam foram tidos como loucos por aqueles que não conseguiam ouvir a música.
(FRIEDRICH NIETZSCHE)

A vida é harmonia que está sempre pulsando, tem um som que pode ser ouvido. E o corpo humano, como parte de um grande campo, não é diferente. O nosso corpo em harmonia tem um ritmo, uma melodia própria, das batidas do coração aos pequenos movimentos. O tempo todo, nossas células, nossos órgãos, nossos pensamentos e nossas emoções estão em constante movimento.

Enquanto estão em harmonia, em fluxo, fazem parte do que é saudável, do que é criativo, estão crescendo e em desenvolvimento. Mas em algum momento pode ser que haja um silêncio, uma pausa que rompe a harmonia, o ritmo vital. A isso chamamos de cristalização. Esse rompimento do fluxo abrangerá o presente capítulo sobre o adoecimento, que objetiva perceber a contribuição da Gestalt-terapia no que tange às doenças psicossomáticas e tentar ouvir e compreender o ritmo interrompido da existência humana.

Existem silêncios que se cristalizam e se transformam em sintomas. Sabendo que a Gestalt-terapia tem uma visão de mundo que abarca o ser humano como um todo, faz-se necessário ouvir o que esse silêncio tem a dizer do ponto de vista gestáltico. Para essa finalidade, o texto foi subdividido em tópicos. O primeiro deles aborda o conceito de saúde e doença, apontando as diferenças entre a visão de mundo dualista e a visão gestáltica. Na segunda parte apresentamos o conceito de psicossomática e sua evolução ao longo do tempo. O terceiro tópico explicita os principais fundamentos epistemológicos da Gestalt-terapia e seus conceitos que embasaram o campo da psicossomática. Por fim, refletimos sobre o tema tendo por base um caso clínico.

CONCEITO DE SAÚDE-DOENÇA

Por muito tempo, saúde e doença foram entendidas como conceitos contraditórios, sendo um a ausência do outro. Boa parte da nossa medicina ainda é calcada nas doenças, em tratar e cuidar, apesar de já vermos uma tentativa de trabalhar com a promoção de saúde, como preconiza o Sistema Único de Saúde (SUS) no âmbito da atenção básica.

Para compreender essa discussão, é necessário direcionar o olhar para uma questão que sustenta a ciência moderna: o modelo positivista para as explicações científicas, que com o tempo passou a não mais explicar alguns fenômenos e doenças.

Assim, iniciou-se um movimento de mudança de paradigma do modelo biomédico para um modelo psicossocial, que abrange outros aspectos. Segundo a Organização Mundial da

Saúde (WHO, 2014), a doença é produto de uma combinação de vários fatores, incluindo características biológicas, fatores de comportamento e condições sociais, enquanto a saúde inclui o bem-estar (físico, mental e social), valorizando e priorizando a percepção pessoal e subjetiva do indivíduo.

Porém, embora a OMS preveja a adoção de outras formas de compreensão, ainda há um ranço positivista que dicotomiza o campo da medicina no que se refere à saúde e à doença. Essa forma de visão de homem se torna mais evidente na era das especialidades, em que os profissionais carregam em si uma fragmentação do ser humano.

Para contrapor esse modelo biomédico, a Gestalt-terapia compreende o ser humano de forma abrangente e holística, entendendo saúde e doença como um *continuum*, um movimento dialético, um fluxo, parte de um mesmo processo. Dessa forma, o ser humano é visto como um todo, composto por contexto vivencial, pensamentos, emoções, aspectos físicos, biológicos, psíquicos, sociais, históricos, espirituais e culturais (Freitas, 2010).

O CAMPO DA PSICOSSOMÁTICA

O adoecimento pode ser visto como uma ruptura no processo normal de desenvolvimento, um desajuste, uma cisão, um fenômeno inóspito que acomete o sujeito (Sacool, Fighera e Dorneles, 2004). Diante disso, cabe ressaltar que, ao deparar com uma doença, as pessoas buscam o motivo, a causa e seu tratamento. Porém, nem sempre há uma lesão física e explicações objetivas e anatômicas para justificar os sintomas. Essa observação deu início aos estudos no campo da psicossomática, que analisa as relações mente-corpo e ressalta a explicação psicológica dentro da patologia (Eksterman, 2010).

Cabe ressaltar que o próprio nome, psicossomática, enfatiza o entendimento dualista do corpo – a fusão de *psique* (que pode ser apreendida como alma, no campo do psiquismo) e *soma* (que significa corpo) (Brandão, 1988). O homem é visto e entendido segundo um modelo cartesiano de ciência inaugurado por Descartes, em que o indivíduo é constituído por duas substâncias: uma de natureza espiritual, a substância pensante (a *res cogitans*); e outra de natureza material, a substância extensa (a *res extensa*). Por muito tempo, essa visão dual regeu o mundo da ciência.

Historicamente, o conceito de psicossomática passou por diversas mudanças desde a primeira vez em que foi utilizado, em 1818, com os estudos de Heinroth, porém não foi empregado até o início do século 20, quando, em 1922, Deustsch utilizou essa terminologia. Groddeck e Ferenczi desenvolveram estudos voltados para essa área usando pressupostos psicanalíticos, ganhando grande notoriedade, e Freud, apesar de nunca ter postulado sobre o tema especificamente, detém o devido crédito com as histerias e o desenvolvimento do conceito de conversão como modelo de compreensão do sintoma somático (Alves e Lima, 2016; Reis e Godinho, 2018).

Somente na década de 1940 a nomenclatura "psicossomática" começou a ser usada para abordar as influências dos fatores psicológicos nas doenças orgânicas. Posteriormente, nos anos 1970, John Nemiah e Peter Sifneos pesquisaram a comunicação dos pacientes somáticos. Entre as suas percepções, apontaram dificuldades de expressão de seus sentimentos, além de problemas para descrever essas emoções. Tais manifestações foram compreendidas como expressão de conteúdos (Volich *apud* Reis e Godinho, 2018).

Mello Filho *et al.* (*apud* Reis e Godinho, 2018) apontam que houve três fases distintas da psicossomática. Na primeira, que podemos chamar de psicanalítica, as doenças psicossomáticas tinham origem inconsciente. A segunda fase, behaviorista, tinha como visão de ciência a metafísica, adotando os modelos de ciências naturais para explicar os fenômenos humanos. Nessa época houve o predomínio de pesquisas em humanos e animais. A última fase, mais utilizada atualmente, pode ser designada de multidisciplinar, que expande o entendimento para além do fisiológico, abarcando uma visão psicossomática que envolve vários profissionais da saúde e diversos campos de estudo.

A Gestalt-terapia tem muito a contribuir com a ideia da psicossomática em uma visão holística e inaugura um direcionamento de olhar para as diferentes dimensões do corpo. Para Perls (2015, p. 31), "não há eventos internos/externos, mas sim uma totalidade, um organismo e um meio que interagem e mantêm uma relação de reciprocidade". Até mesmo o organismo e o ambiente são partes de uma mesma matéria. Assim, "a própria fronteira não está isolada do ambiente; entra em contato com este; e pertence a ambos, ao ambiente e ao organismo" (Perls, Hefferline e Goodman, 1997, p. 179).

GESTALT-TERAPIA

Para compreender o adoecimento psicossomático pelo viés da Gestalt-terapia, precisamos pensar nos pressupostos epistemológicos que fundamentam essa abordagem teórica fundada por Perls. A Gestalt-terapia entende que a descrição é mais importante que a explicação, e exatamente por isso é dito que essa abordagem busca o "como", já que este antecede o "por quê". Segundo Ginger e Ginger (1995), a compreensão parte da vivência imediata no aqui e agora, tanto corporalmente como a partir da imaginação. A percepção do mundo é captada por fatores subjetivos que atribuem sentidos distintos para cada pessoa. Isso implica a importância da tomada de consciência do corpo e do tempo vivido como experiência única de cada ser humano, estranha a qualquer interpretação predeterminada.

Para tanto, a Gestalt-terapia não pressupõe que a constituição do homem já está dada pelos aspectos biológicos, psíquicos ou pelos condicionamentos ambientais. Em todos esses pressupostos, tem-se a ideia de homem passivo diante dessas determinações. Aqui o homem é tomado como indefinível, no sentido de não ser classificado com base em rótulos explicativos da existência humana.

Por isso é fundamental ouvir a música que cada organismo, em sua totalidade, compõe. Nesse sentido, o som deve ser entendido como ação manifesta a partir do pensamento, das expressões artísticas, da fala, da lida, do ajustamento criativo, enquanto o silêncio é ausência de som, a cristalização, ou seja, a não ação. Entretanto, ambos devem ser entendidos como polaridades, um fluxo contínuo que constitui o humano, um constante ritmo de vida, uma harmonia.

Assim, entende-se o adoecimento como a cristalização do silêncio, ou seja, quando não o identificamos, nem lidamos com ele, quando cessa o fluxo e há a interrupção de contato. Isso é o que chamamos de situação inacabada, algo que não teve um fim, que pede um fechamento e necessita se ajustar criativamente na tentativa de resolver a situação. Quando algo cala fundo na existência humana, precisa ser expresso, ouvido. E a doença é um som emitido, uma possibilidade de ajustamento disfuncional a que o organismo recorre para entrar em equilíbrio novamente.

Portanto, doença psicossomática pode ser entendida na Gestalt-terapia como uma relação figura-fundo, sendo a doença a figura, uma necessidade eminente que pede um fechamento. O fundo em que essa figura emerge é tão importante quanto a figura em si. Desse modo, a abordagem gestáltica entende o sintoma como a maneira encontrada pelo organismo de manter a homeostase.

É fundamental ampliar a *awareness* do indivíduo para que ele entre em contato consigo mesmo, a fim de ouvir os sintomas, entender o silêncio que grita por um fechamento. Ou seja, ouvir cada dor, apreender sua mensagem, estar *aware* de sua experiência, identificar, lidar, aceitar e integrar o som e o silêncio como parte de um todo.

CASO CLÍNICO

Em 2018, em uma palestra que ministrei em uma escola, conheci uma menina de 11 anos. Com os olhos cheios de lágrimas, ela me disse que precisava urgentemente falar com alguém. Para proteger sua identidade, vou chamá-la de Ana. Naquela ocasião, ela me contou que descobrira a diabetes tipo 1 e que tinha muita dificuldade de lidar com a doença. Esse pedido deve ser entendido como um som, um pedido de ajuda.

Entende-se o "adoe-Ser" como uma possibilidade de ajustamento disfuncional a que o organismo recorre. Assim, a Gestalt-terapia propõe a ampliação de *awareness* "para transformar os atos que nos adoecem em um caminho que conduz à saúde" (De Lucca, 2012, p. 77).

A partir desse pedido, pedi para conversar com a mãe da menina e ofereci-me para atendê-la *pro bono*. Ana morava com a mãe, o padrasto, um irmão de 16 anos por parte de pai e mãe e um irmão caçula, de 5 anos, fruto do relacionamento da mãe com o padrasto. Quando ainda estava grávida de Ana, sua mãe pediu o divórcio e foi para o interior com o filho. Ela conta que foi uma gravidez muito difícil justamente por ter ocorrido em um momento crítico da relação.

Quando Ana tinha cerca de 2 anos, sua mãe começou a se relacionar com o atual companheiro. Não estava em seus planos ter outro filho, porém eles acabaram engravidando após uns quatro anos e, ainda, durante a gestação, o padrasto descobriu que tinha uma filha da idade de Ana.

Ana não sabe lidar muito bem com a tristeza e a raiva, e se sente "excluída" em suas relações. Uma vez, no consultório, ela representou a diabetes como um inseto feio: às vezes quer matá-lo, mas decidiu que poderia conviver com ele. Com o adoecimento, teve muita dificuldade de se adaptar a determinados aspectos de sua nova vida – como a alimentação, por exemplo. Percebi que os dias em que acontecia algo com o qual ela não sabia lidar coincidiam com os dias em que sua taxa de açúcar aumentava consideravelmente. Daí a importância de dirigir o olhar para o indivíduo como um todo, e não somente para sua enfermidade:

> Doença é negação, é subtração de energia em um campo total, em um subcampo ou subsistema em particular. A doença, portanto, ou o sintoma, não deve ser considerado em si, mas sempre em relação

> à pessoa e ao campo total no qual esta existe. Doença é fenômeno como processo; como dado, existe em alguém, e não como realidade em si mesma. Por isso, não deveríamos tratar a doença e sim a pessoa adoecida, na qual a relação harmoniosa entre os campos se quebrou. (Ribeiro, 2017, p. 53)

Havia alguns meses, Ana passara a usar uma bomba de infusão, aparelho que libera uma quantidade de insulina programada pelo médico diariamente, evitando diversas medições e injeções diárias. Durante o primeiro mês, a menina respondeu muito bem ao novo método. Porém, durante o processo, sua melhor amiga, que sempre a convidava para ir à sua casa nos fins de semana, começou a levar a enteada de seu irmão, que era da mesma idade e estudava na mesma escola. Com isso, Ana passou a se sentir excluída pela amiga e sua taxa de açúcar desde aquele fim de semana se manteve muito alta, mesmo com o controle da bomba.

Para entendermos a vivência de Ana, utilizaremos a curva de contato proposta por Zinker (2007), que tem sete momentos: retração, sensação, percepção, mobilização de energia, ação, contato e retração. A cada contato que fazemos, cada necessidade apreendida precisa passar por todas essas etapas para obter o fechamento. Porém, quando não há um contato de boa qualidade, essa figura que se apresenta acaba sendo interrompida em algum dos pontos, tornando-se inacabada. "Quando não há fluidez na dinâmica de formação figura/fundo, ocorrem as disfunções do contato, ou seja, as interrupções na sequência de contato; dependendo do momento em que isso acontece, haverá um tipo de implicação para o *self*" (Moraes e D'Acri, 2014, p. 39).

> Identificar os momentos das interrupções é fundamental, pois permite delinear as noções de saúde e patologia – as quais, por sua vez, nortearão as atitudes terapêuticas. Uma vez que o restabelecimento da dinâmica figura e fundo só é possível por meio do contato, da *awareness* e do comportamento, esse processo será de vital importância na psicoterapia. (Moraes e D'Acri, 2014, p. 522)

Analisando a circunstância de Ana, percebe-se que há uma situação inacabada, que ela nomeia como "ser esquecida". A sensação pode ser notada por meio da agitação, da tristeza, da raiva, do choro. Existe a percepção de que há algo errado e a mobilização de energia, que aparece em forma de sintoma – o aumento de açúcar no sangue. Assim, ocorre uma retroflexão dessa energia, que tem necessidade de expressar tristeza, raiva e abandono. Com isso, a diabetes aparece como cristalização, um ajustamento disfuncional.

Quando algo cala fundo na existência humana, precisa ser ouvido. Ouvir o que a diabetes está dizendo a Ana é extremamente importante para que ela consiga lidar melhor com tudo que a rodeia.

É fundamental sempre ter como foco que todo sintoma é uma tentativa do organismo de se autorregular, de obter equilíbrio. "Sintoma é, portanto, um tipo especial de resistência. Não deve ser sufocado, destruído *a priori*, pois sua função é revelar um aspecto oculto da totalidade, e é por intermédio dele que poderemos atingi-la" (Ribeiro, 2017, p. 99). Portanto, é uma capacidade adaptativa diante das mudanças. Uma das alternativas à cristalização é a psicoterapia, que "restaura o poder de ajustamento criativo do paciente, processo de autorrealização e de atualização das potencialidades criativas" (Cardella, 2014, p. 117).

Ciornai (1995) acrescenta que a terapia tem como papel efetivo ajudar o indivíduo a estabelecer ou restabelecer o fluxo de contato criativo com o mundo. Ela vem, então, para amparar e ampliar o fluxo de mobilização de energia e *awareness,* que possibilita a "fluidez do processo da consciência por meio da corporeidade, da retomada da noção de ser um corpo que devolva à pessoa a sensação de possibilidades, o sentido do eu posso, de criação e de transformação" (Alvim, 2014, p. 29). O suporte sustentado pela relação terapêutica possibilita, por meio da presentificação, a liberação da energia retida em situações inacabadas, o que permite a ressignificação daquilo que antes não poderia ser ressignificado. Essa abertura promove novas experiências e transformações nas relações da pessoa consigo, com outras pessoas e com o mundo.

Nesse sentido, o processo psicoterápico com Ana, juntamente com as sessões de orientações à mãe, teve como objetivo buscar a criação de um autossuporte a partir de ajustamentos criativos, que favorecem um funcionamento saudável, a individualidade e os relacionamentos. Ajustar-se criativamente é presentificar e ressignificar, voltar ao ritmo da sua existência.

Esse exemplo ilustra que a doença psicossomática deve ser vista como um todo. Ana precisa ser vista como ser histórico, fisiológico, emocional e social. Em todos esses âmbitos há cristalizações que pedem fechamento. Por isso, é fundamental uma relação terapêutica com um bom vínculo, a fim de que esse ritmo interrompido seja continuado. A partir do suporte oferecido pelo psicoterapeuta, há a possibilidade de construir um autossuporte, fundamental para que a necessidade seja assimilada e, então, se feche a *Gestalt* e volte ao ritmo de sua existência humana.

Para finalizar, a Gestalt-terapia afirma que a existência ocorre em um movimento de fazer e desfazer a partir de um fluxo contínuo de transformações e crescimentos no campo organismo/ambiente (Cardella, 2002). Nesse sentido, entende-se gestalticamente que toda doença é psicossomática, e que qualquer alteração nas diferentes dimensões humanas interfere no indivíduo de modo holístico. O sintoma psicossomático é a manifestação do silêncio, que corresponde a uma necessidade que anseia ser atendida. Ouvir o grito do silêncio que cala fundo é entender o que há por trás do sintoma e conseguir fechar o ciclo dessa situação inacabada. E isso só é possível por meio do contato.

Assim, conforme Hycner e Jacobs (1997), tanto o adoecimento quanto a cura ocorrem por meio das relações humanas. Portanto, é essencial ouvir a música da nossa existência e compreender o silêncio e o som como polaridades, um fluxo contínuo que constitui um constante ritmo de vida.

REFERÊNCIAS

Alves, V. L. P.; Lima, D. D. "Percepção e enfrentamento do psicossomático na relação médico-paciente". *Psicologia: Teoria e Pesquisa*, Brasília, v. 32, n. 3, 2016. Disponível em: <http://www.scielo.br/scielo.php?script=sci_arttext&pid=S0102-37722016000300245&lng=en&nrm=iso>. Acesso em: 4 out. 2019.

Alvim, M. B. "Awareness: experiência e saber da experiência". In: Frazão, L. M.; Fukumitsu, K. O. (org.). *Gestalt-terapia: conceitos fundamentais*. Coleção Gestalt-terapia: fundamentos e práticas, v. 2. São Paulo: Summus, 2014.

Battisti, C. A. "O método de análise cartesiano e o seu fundamento". *Scientiae Studia*, v. 8, n. 4, São Paulo, dez. 2010, p. 571-96. Disponível em: <http://www.scielo.br/scielo.php?script=sci_arttext&pid=S1678-31662010000400004&lng=en&nrm=iso>. Acesso em: 4 out. 2019.

Brandão, J. S. *Mitologia grega*. 4. ed. v. 1-2. Rio de Janeiro: Vozes, 1988.

Cardella, B. H. P. *A construção do psicoterapeuta: uma abordagem gestáltica*. São Paulo: Summus, 2002.

______. "Ajustamento criativo e hierarquia de valores e necessidades". In: Frazão, L. M.; Fukumitsu, K. O. (orgs.). *Gestalt-terapia: conceitos fundamentais*. Coleção Gestalt-terapia: fundamentos e práticas, v. 2. São Paulo: Summus, 2014.

Ciornai, S. "Relação entre criatividade e saúde na Gestalt-terapia". *Revista do I Encontro Goiano de Gestalt-terapia,* Goiânia, v. 1, 1995, p. 72-75.

De Lucca, F. J. *A estrutura da transformação: teoria, vivência e atitude em Gestalt-terapia à luz da sabedoria organísmica*. São Paulo: Summus, 2012.

Eksterman, A. "Psicossomática: o diálogo entre a psicanalise e a medicina". In: Mello Filho, J. de; Burd, M. *et al*. *Psicossomática hoje*. Porto Alegre: Artmed, 2010.

Frazão, L. M.; Fukumitsu, K. O. (orgs.). *Gestalt-terapia: conceitos fundamentais*. Coleção Gestalt-terapia: fundamentos e práticas, v. 2. São Paulo: Summus, 2014.

Freitas, J. de L. *Experiência de adoecimento e morte: diálogos entre a pesquisa e a Gestalt-terapia*. Curitiba: Juruá, 2010.

Ginger, S.; Ginger, A. *Gestalt: uma terapia do contato*. São Paulo: Summus, 1995.

HYCNER, R.; JACOBS, L. *Relação e cura em Gestalt-terapia*. São Paulo: Summus, 1997.

Moraes, G. C. de; D'Acri, G. "Contato: funções, fase e ciclo de contato". In:

Perls, F. *A abordagem gestáltica e Testemunha ocular da terapia*. Rio de Janeiro: LTC, 2015.

Perls, F.; Hefferline, R.; Goodman, P. *Gestalt-terapia*. São Paulo: Summus, 1997.

Polster, E.; Polster, M. *Gestalt-terapia integrada*. São Paulo: Summus, 2001.

Reis, K. S. dos; Godinho, L. B. R. "Uma visão holística de homem". *Revista Universidade LaSalle,* v. 6, n. 1, 2018.

Ribeiro, J. P. *O ciclo do contato – Temas básicos na abordagem gestáltica*. São Paulo: Summus, 2017.

Sacool, C. S.; Fighera, J.; Dorneles, L. "Hospitalização infantil e educação: caminhos possíveis para a criança doente". *Revista Vidya*, v. 24, n. 42, Santa Maria, jul./dez. 2004, p. 181-90.

World Health Organization. "Global status report on non-communicable diseases 2014" (on-line). Disponível em: <http://www.who.int/nmh/publications/ncd-status-report-2014/en/>. Acesso em: 28 fev. 2016.

Zinker, J. *Processo criativo em Gestalt-terapia*. São Paulo: Summus, 2007.

3
Atualizações na concepção de saúde e adoecimento na abordagem gestáltica

CARLA POPPA

INTRODUÇÃO

Desde a década de 1950, quando os conceitos da Gestalt-terapia foram apresentados, muitas mudanças aconteceram na sociedade, influenciando de maneira significativa a qualidade das relações. Este capítulo pretende apresentar esse processo de mudança partindo do olhar da sociologia e explicar como a concepção de adoecimento precisa ser atualizada nesse novo contexto: da neurose para a precariedade de suporte.

Além do olhar da sociologia, representado neste capítulo por Bauman (1989, 2000, 2003), diversos autores contemporâneos da Gestalt-terapia também fazem referência às pesquisas na área das neurociências para ampliar as reflexões teóricas dentro da abordagem.

As neurociências ajudam a nomear os efeitos da precariedade de suporte como trauma crônico, o qual compromete o desenvolvimento neurológico do indivíduo. A partir da descrição desse comprometimento neurológico, será possível discutir como os pressupostos da teoria paradoxal da mudança e as técnicas de concentração não podem nortear as intervenções dos processos terapêuticos de pessoas que sofrem com os efeitos do trauma crônico, ao menos em um primeiro momento do processo.

Se por um lado as pesquisas na área das neurociências nos mostram a necessidade de relativizar algumas ideias amplamente conhecidas na Gestalt-terapia, estas enfatizam as características inovadoras de seus conceitos e de sua essência dialógica. Fica evidente que a abordagem pode contribuir para a promoção de saúde, sobretudo no contexto atual. No entanto, o contexto de fragilidade dos vínculos e de precariedade de suporte indica também a necessidade de atualização da concepção de saúde: da destruição dos elementos do meio para a constituição do autossuporte.

Com essa discussão teórica, é possível afirmar que as intervenções tendem a se tornar mais sutis, ao mesmo tempo que a participação do terapeuta precisa ser mais ativa e viva no contato com o paciente.

O MUNDO LÍQUIDO E A ATUALIZAÇÃO NO CONCEITO DE ADOECIMENTO: DA NEUROSE PARA A PRECARIEDADE DE SUPORTE

Spagnuolo Lobb (2013a) explica que o contato saudável, segundo o conceito de agressividade proposto por Perls (2002), implica necessariamente um conflito, o qual permite ao indivíduo destruir os elementos que encontra no meio para assimilar aspectos nutritivos e novos em suas relações. Além disso, a agressividade também é a energia que permite ao indivíduo sustentar sua necessidade ao longo do processo de contato até que esta possa ser atendida.

Segundo esse olhar, o adoecimento corresponde à neurose. Esta se instala conforme uma necessidade que precisa ser reprimida no processo de contato e não é atendida. Nesse contexto, a situação antiga ainda pede fechamento, enquanto surge uma nova. Com isso, a energia despendida pelo *self* para reprimir a situação inacabada compromete a qualidade do contato das situações presentes (Perls, Hefferline e Goodman, 1997).

Considerando a neurose o resultado da repressão das necessidades, algumas das intervenções terapêuticas propostas pela Gestalt-terapia são orientadas pelo método da ampliação da *awareness* – perguntas abertas que mantêm o diálogo em movimento até que a própria pessoa consiga se apropriar da necessidade reprimida – e por técnicas de concentração – o terapeuta pede ao cliente que explore uma fala ou um movimento que pode levar à expressão da sua necessidade reprimida. Essas intervenções assumem a premissa da teoria paradoxal da mudança de Beisser (1970), que concentra vários princípios terapêuticos propostos pela Gestalt-terapia. Segundo essa teoria, a mudança acontece quando a pessoa aceita o que está experienciando no momento presente ou quando aceita quem é, respeitando sua autonomia para acessar suas carências reprimidas e considerando que tenha os recursos essenciais para se concentrar em suas necessidades (Taylor, 2014).

Tanto a concepção de saúde quanto a de doença e as intervenções terapêuticas propostas tradicionalmente pela Gestalt-terapia são coerentes com o momento histórico no qual a abordagem começou a ser pensada. Na metade do século passado, a sociedade moderna impunha normas, regras e valores muito rígidos, que eram reproduzidos nas relações.

Spagnuolo Lobb (2013b) explica que o pedido típico dos pacientes nessa época era por mais liberdade e independência. Os indivíduos desejavam se libertar das amarras sociais, dos relacionamentos autoritários, e buscavam espaço para expressar suas necessidades. No entanto, da metade do século passado até os dias de hoje os valores sociais mudaram significativamente e essas mudanças afetaram também a qualidade das relações.

Bauman (1989) esclarece que os valores que norteavam a sociedade na modernidade, tais como a supremacia da racionalidade e a ilusão de prever o futuro com base em dados do momento presente, fizeram que pessoas consideradas "normais" cometessem as atrocidades do holocausto. No período pós-guerra, os valores da era moderna foram fortemente questionados, o que promoveu o fenômeno do derretimento dos sólidos. Os sólidos eram as regras e valores que, por um lado, limitavam a liberdade do indivíduo, mas, por outro, representavam pontos de segurança que orientavam suas escolhas ao longo da vida.

Com esse processo, passamos a viver na era da modernidade líquida. Bauman (2000) utiliza a metáfora da água para se referir a valores, regras e à moral contemporâneos que estão em constante movimento e transformação e são difíceis de ser contidos e compreendidos. A metáfora da água também se aplica às relações. O termo "relações líquidas" ilustra a dificuldade de vinculação vivida pelos indivíduos nos dias de hoje.

O autor expõe que, em um contexto de mudança contínua, sempre é possível encontrar uma nova pessoa que seja mais conveniente. A solução encontrada costuma ser a de manter os vínculos "frouxamente atados para que possam ser outra vez desfeitos, sem grandes delongas, quando os cenários mudarem" (Bauman, 2003, p. 7).

Assim, a fragilidade dos vínculos evidencia que as relações no mundo contemporâneo se caracterizam pela precariedade de suporte. O principal anseio do ser humano deixou de ser mais liberdade para expressar seus desejos, passando a ser o de usufruir de um fundo de relações de confiança, o qual proporciona segurança para que a necessidade possa emergir, sustentada e orientada pela agressividade. Sem esse fundo de relações de confiança, a agressividade experienciada pela pessoa não acessa uma intencionalidade, tampouco sustenta um conflito que promova o contato com o novo (Spagnuolo Lobb, 2013a).

Nesse novo contexto, a compreensão do adoecimento como neurose – um movimento de repressão em um meio autoritário – precisa ser atualizada, uma vez que as características das relações mudaram. O adoecimento no mundo atual acontece com a precariedade de suporte que impede a experiência.

PRECARIEDADE DE SUPORTE: A NECESSIDADE DE QUESTIONAR A TEORIA PARADOXAL DA MUDANÇA

Considerando a precariedade de suporte e a impossibilidade de sustentar as próprias experiências, é possível pensar que muitos indivíduos chegam à vida adulta sem ter assimilado um fundo de experiências de si mesmas. Com base nessa constatação, Taylor (2014) e Phillipson (2012) explicam que algumas pessoas não constituíram os recursos necessários para que os princípios da teoria paradoxal da mudança sejam aplicados. "Há uma suposição exagerada na Gestalt-terapia de que o cliente tem tudo de que precisa para crescer. Para os clientes que vivenciaram um trauma, esta suposição não é verdadeira" (Taylor, 2014, p. 23).

É importante ressaltar que Taylor (2014) trabalha com duas definições de trauma. A primeira corresponde à ideia de que o senso comum nos leva a pensar sobre trauma como um fato violento e isolado na vida do indivíduo. A segunda definição, possivelmente menos conhecida, apresenta o trauma como o efeito de um processo de desenvolvimento sustentado de maneira precária por relações negligentes ou abusivas – ou seja, o trauma crônico.

A autora ressalta que, em uma situação de trauma crônico, o cérebro não desenvolve por completo algumas das suas estruturas, como o corpo caloso – ponte que integra seus hemisférios direito e esquerdo. A desintegração entre os dois hemisférios está relacionada com a dissociação ou com o ajustamento criativo que o indivíduo realiza para reagir de maneira funcional às atividades do dia a dia, ao mesmo tempo que mantém seu sofrimento encapsulado, afastado do seu campo de *awareness*. As regiões subcorticais, em um contexto de trauma crônico, também permanecem desintegradas do córtex. Os resultados dessas desintegrações são a ansiedade e a perda da capacidade de autorregulação. Além disso, os circuitos do medo, estabelecidos ao longo dos primeiros anos de vida, podem ser ativados em situações de estresse sem que a pessoa consiga exercer algum tipo de controle sobre essas sensações (Taylor, 2014).

Assim, no contexto do mundo contemporâneo, em que os vínculos se caracterizam pela fragilidade, é possível afirmar que parte significativa daqueles que iniciam o processo de psicoterapia não contou com suporte adequado em seu processo de desenvolvimento e convive com os efeitos do trauma crônico: desregulação emocional, crises de ansiedade e medo e ajustamentos criativos com características dissociativas. Por esse motivo enfrentam um obstáculo neurofisiológico para vivenciar suas experiências no momento presente. Desse modo, a teoria paradoxal da mudança oferece uma premissa que só poderá ser utilizada após a pessoa ter alcançado certa integração. "É apenas quando o novo funcionamento, que permite cuidar e ser cuidado, se acomoda neurologicamente que a teoria paradoxal pode funcionar" (Phillipson, 2012, p. 90).

Promover o contato com as sensações vividas no aqui e agora, conforme o pressuposto da teoria paradoxal, pode não só ser improdutivo quando se trata de experiências relacionadas com os efeitos do trauma crônico como também envolver alguns riscos. Incentivar essas pessoas a se concentrar nessas experiências, com técnicas de concentração, pode provocar um estado de desregulação agudo, que equivale a um estado de terror – capaz de desencadear comportamentos de automutilação ou de risco, a fim de descarregar a tensão vivenciada na sessão terapêutica (Taylor, 2014).

Nesse sentido, Taylor (2014) explica que os indivíduos que sofreram com precariedade de suporte em seu desenvolvimento, ou com os efeitos do trauma crônico, precisam da intervenção do terapeuta nos momentos nos quais entram em um estado de desregulação emocional. Para tanto, o profissional deve desenvolver recursos para identificar quando o cliente entra nesses estados a partir da mudança na atmosfera do ambiente, no corpo do cliente ou em seu próprio corpo e, com isso, oferecer uma fala que o acalme e o traga novamente para um estado no qual a intensidade de suas sensações seja suportada.

As crises de ansiedade e medo, os episódios dissociativos e os picos de desregulação emocional são efeitos de experiências vividas no passado, desencadeados por acontecimentos do momento presente. Desse modo, para as pessoas que sofrem com os efeitos do trauma crônico, o passado e o presente permanecem indiferenciados em repetidas situações. Por esse motivo, ajudá-las a discriminar o passado e o presente é uma intervenção fundamental. A discriminação pode ser feita na medida em que o terapeuta pede ao cliente que descreva sua experiência – sobretudo suas suposições e receios –, sintonize e compreenda o sentido de sua intensidade e o ajude a identificar as sensações vividas especificamente a partir dos acontecimentos do momento presente (Taylor, 2014).

Assim, é possível constatar que, no contexto da precariedade de suporte, as intervenções envolvem movimentos sutis do terapeuta, que precisa permanecer atento a pequenas mudanças no seu corpo e no do paciente, bem como à atmosfera do ambiente; ao mesmo tempo, não é possível assumir que o paciente tenha os recursos necessários para realizar seu processo de autorregulação com autonomia. Assim, em algumas situações, o profissional precisa intervir de maneira mais ativa, com a intenção clara de acalmar o paciente ou ajudá-lo a discriminar acontecimentos do passado e do presente.

AS PESQUISAS NA ÁREA DAS NEUROCIÊNCIAS E A ATUALIZAÇÃO NA CONCEPÇÃO DE SAÚDE

Como vimos, Taylor (2014) refere-se com frequência às neurociências para refletir sobre as implicações neurofisiológicas da precariedade de suporte no desenvolvimento. Além dessa discussão, outros temas da área de estudo das neurociências muito citados pelos autores contemporâneos da Gestalt-terapia são os neurônios espelho e o circuito de ressonância.

Os neurônios espelho são um conjunto de neurônios localizados na área motora do cérebro que disparam quando enxergamos uma pessoa realizando um movimento que expressa uma intenção da mesma maneira como se nós próprios o estivéssemos realizando (Gallese *et al.*, 1996).

Nos seres humanos, os neurônios espelho são parte de um circuito mais complexo denominado circuito de ressonância, que nos permite não só registrar o movimento que observamos no outro como também experimentar a intenção em nosso corpo (Stern, 2007).

O interesse dos Gestalt-terapeutas pela descoberta dos neurônios espelho e do circuito de ressonância se justifica, pois essas pesquisas oferecem uma descrição fenomenológica da dimensão neurofisiológica de alguns conceitos importantes da Gestalt-terapia, como o de contato, de fronteira de contato e de campo. Com isso, esses profissionais evidenciam a inovação dos autores originais da Gestalt-terapia ao apresentarem, na década de 1950, conceitos com um olhar integrador para a relação do indivíduo com o ambiente. Outras áreas do conhecimento começaram a buscar esse mesmo olhar – que já era a essência da teoria da Gestalt-terapia –

com as pesquisas realizadas nas neurociências a partir da década de 1990.

Assim, a teoria da Gestalt-terapia ocupa um lugar importante para compreender, cuidar e promover saúde no mundo contemporâneo. No entanto, é importante explicitar que, além da necessidade de atualização da concepção de adoecimento e suas implicações nas intervenções já discutidas neste capítulo, em um contexto no qual o adoecimento acontece de maneira predominante pela precariedade de suporte, surge também a urgência de atualizar a concepção de saúde da abordagem.

Conforme apresentado no início deste texto, a ideia de Perls (2002) sobre contato saudável implica a capacidade do indivíduo de destruir os elementos dos meios para discriminar e assimilar seus aspectos nutritivos. Embora esse movimento seja necessário para o processo de contato saudável, em um contexto de precariedade de suporte no desenvolvimento é possível supor que promover a saúde, ao menos em um primeiro momento do processo terapêutico, corresponde tanto à integração dos efeitos do trauma crônico, como vimos, quanto à constituição do autossuporte do indivíduo. Com um autossuporte constituído, ele pode, enfim, acessar sua agressividade para que essa energia alcance uma intencionalidade e seja possível estabelecer contatos genuínos e saudáveis.

As ideias sobre os neurônios espelho e o circuito de ressonância nos ajudam a descrever o processo de constituição do autossuporte. Em alguns momentos significativos do processo terapêutico, o profissional é capaz de compartilhar, em certa medida, a mesma sensação do paciente por meio do seu circuito de ressonância. Ao ser afetado pela sensação do outro, o terapeuta precisa identificar a alteração que vivencia no seu corpo para compartilhar essa percepção, ou oferecer um gesto que cuide da sensação identificada. Essas experiências compartilhadas oferecem o suporte necessário para que o paciente vivencie suas próprias experiências. Conforme assimila um fundo de experiências de si mesmo, o autossuporte do paciente é constituído e, com isso, ele tem os recursos necessários para sustentar suas vivências com uma autonomia cada vez maior (Poppa, 2018).

As intervenções que favorecem a constituição do autossuporte também são sutis, ao mesmo tempo que exigem que o terapeuta participe ativamente como pessoa, compartilhando a maneira como é afetado no contato. Esse tipo de intervenção relativiza as críticas de Perls (2002) sobre a interpretação. O autor afirma que a interpretação era uma suposição ou uma projeção sobre o outro. No entanto, os neurônios espelho evidenciam que, na relação terapêutica, é possível alcançar um conhecimento implícito da intenção do outro. Ao compartilhar essa constatação, estamos fazendo uma descrição fenomenológica do campo, que pode ser considerada uma intervenção muito próxima da interpretação e, no entanto, beneficiar o cliente (Phillipson, 2012).

Assim como a rejeição das interpretações, a maneira como o método da ampliação da *awareness* costuma ser utilizado e ensinado talvez também precise ser relativizada nesse contexto. As perguntas abertas partem da premissa de que a pessoa tem os recursos necessários para explorar com autonomia suas sensações até que a necessidade reprimida seja identificada por ela própria. No entanto, com as pessoas que ainda não constituíram seu autossuporte, parece importante que a exploração proposta pelo método seja norteada pelas sensações do terapeuta despertadas no contato.

Desse modo, no contexto atual de fragilidade dos vínculos, é muito provável que, no início do processo de psicoterapia, uma pessoa expresse, de maneira singular, alguns dos efeitos do trauma crônico e da sua impossibilidade de sustentar suas experiências. Com isso, o terapeuta deve deixar de supor que o cliente já tem recursos que lhe garantem a autonomia necessária para explorar suas sensações e identificar suas necessidades, e, ao menos em um primeiro momento do processo terapêutico, assumir uma postura ativa com a clara intenção de ajudá-lo a integrar os efeitos do trauma crônico, ao mesmo tempo que se mantém atento às sutilezas do contato e responde a estas de maneira viva e afetiva para sustentar a constituição do seu autossuporte.

CONSIDERAÇÕES FINAIS

As mudanças sociais que aconteceram nas últimas décadas se refletem na qualidade das relações. Passamos de um período no qual elas eram orientadas pelo autoritarismo e as pessoas ansiavam por mais liberdade para expressar suas necessidades para outro, no qual as relações se caracterizam pela fragilidade (relações "líquidas"). Nesse novo contexto, a concepção de adoecimento proposta pelos autores originais como neurose – movimento de retração que o indivíduo realiza em um campo autoritário – talvez não seja mais uma referência que nos ajude a compreender o sofrimento das pessoas. No mundo que se caracteriza pela fragilidade dos vínculos, a ideia de precariedade de suporte pode nos orientar melhor nessa compreensão.

A definição de trauma crônico proposta por Taylor (2014) descreve os efeitos neurofisiológicos que as pessoas que sofreram com a precariedade de suporte enfrentam em seu desenvolvimento. A ideia da teoria paradoxal da mudança e as técnicas de concentração podem desorganizá-las no início do processo terapêutico.

De modo semelhante, em um contexto no qual as pessoas se desenvolvem sustentadas de maneira precária em vínculos frágeis, a concepção de saúde também precisa ser atualizada. A ideia do conflito que leva à destruição dos elementos do meio no contato para assimilar seus aspectos positivos é um movimento necessário no contato saudável. Porém, para que a agressividade alcance uma intencionalidade, é preciso primeiro sustentar o processo de constituição do autossuporte do indivíduo.

Em um primeiro momento do processo terapêutico, portanto, com as concepções de saúde e adoecimento atualizadas como pano de fundo, é fundamental ajudar os indivíduos tanto a integrar os efeitos do trauma crônico quanto a constituir seu autossuporte com intervenções mais sutis que, ao mesmo tempo, exigem uma postura mais ativa e viva do terapeuta.

REFERÊNCIAS

Bauman, Z. *Modernidade e holocausto*. Rio de Janeiro: Zahar, 1989.

____. *Modernidade líquida*. Rio de Janeiro: Zahar, 2000.

____. *Amor líquido*. Rio de Janeiro: Zahar, 2003.

Beisser, A. "The paradoxical theory of change". In: Fagan, J.; Shepherd, I. L. *Gestalt therapy now*. Nova York: Harper and Row, 1970.

Gallese, V. *et al*. "Action recognition in the premotor cortex". *Brain*, v. 199, 1996, p. 396-403.

Perls, F. S. *Ego, fome e agressão: uma revisão da teoria e do método de Freud*. São Paulo: Summus, 2002.

PERLS, F.; HEFFERLINE, R.; GOODMAN P. *Gestalt-terapia*. São Paulo: Summus, 1997.

PHILLIPSON, P. "Mind and matter: the implications of neuroscience research for Gestalt psychotherapy". In: LEVINE, T. B.-Y. *Gestalt therapy: advances in theory and practice*. Nova York: Routledge, 2012, p. 83-92.

POPPA, C. *O suporte para o contato – Gestalt e infância*. São Paulo: Summus, 2018.

SPAGNUOLO LOBB, M. "Postmodern Gestalt perspective on conflict". *British Gestalt Journal*, v. 22, n. 2, 2013a, p. 32-39.

____. *The next for now in psychotherapy: Gestalt therapy recounted in post-modern society*. Milão: FrancoAngeli, 2013b.

STERN, D. *O momento presente na psicoterapia e na vida cotidiana*. Rio de Janeiro: Record, 2007.

TAYLOR, M. *Trauma therapy and clinical practice: neuroscience, gestalt and the body*. Berkshire: Open University Press, 2014.

4
A preservação do eu nas organizações: uma abordagem preventiva

MARGARET MARRAS

Em nosso caminho tudo é decisão: voluntária, pressentida, secreta; esta decisão, no âmago de nosso ser, é a mais originariamente secreta e a que nos determina mais poderosamente.

(Buber, 2001, p. 107)

INTRODUÇÃO

O foco deste capítulo é a busca de uma abordagem que favoreça o desenvolvimento saudável dos profissionais, que previna cristalizações de *Gestalten* que comprometam o desenvolvimento e facilite a realização do potencial do indivíduo no ambiente de trabalho, evitando embotamentos da expressão do verdadeiro ser.

Obviamente o ambiente profissional não é um *setting* terapêutico – e não é o que proponho, mas sim analisar o papel dos profissionais de recursos humanos e sobretudo dos psicólogos organizacionais em relação às suas responsabilidades quando se propõem a desenvolver pessoas. Há departamentos inteiros com essa missão nas organizações, e o que vejo me faz pensar sobre o equilíbrio entre "desenvolver" pessoas e atingir os resultados. Questiono ainda se esse "desenvolvimento" as leva ao crescimento pessoal no sentido proposto pela Gestalt-terapia. Mais ainda: seria esse desenvolvimento causal, dualista, cartesiano, afastando assim os indivíduos de suas experiências?

Princípios da Gestalt-terapia como estabelecimento de contatos de qualidade e ajustamento criativo fazem absoluto sentido na clínica para as pessoas entenderem como se colocam no mundo e podem perfeitamente ajudar os profissionais a entender como se colocam nas organizações, quais são as suas necessidades como indivíduo e como estas são ou não consideradas e atendidas – ou não – no ambiente de trabalho. A ampliação da consciência dos indivíduos seria o primeiro passo para um mundo corporativo no qual as pessoas se percebam como tal e não somente como uma função ou um personagem representando um papel. O risco de adaptar-se a uma função, mesmo fazendo um ajustamento criativo, pode levar os indivíduos a perder sua capacidade de ajustar-se criativamente quando novas necessidades surgem; talvez eles nem se deem conta de que têm novas necessidades.

Ter uma abordagem gestáltica nas empresas não é atuar clinicamente, mas dialogicamente, com práticas autênticas que levam à reflexão, permitindo autoconhecimento e transformação. Havendo interesse em continuar em suas buscas pessoais, os funcionários iriam para um processo terapêutico.

Cito alguns exemplos de como a abordagem gestáltica entraria nas estruturas existentes: numa simples entrevista de contratação, podem-se abordar as necessidades individuais; os momentos de *feedback* poderiam ocorrer imediatamente, em vez de apenas uma ou duas vezes ao ano, e essa conversa deveria envolver muito mais o como, os motivos, os sentimentos e os impactos que a pessoa causou. Os momentos de avaliação deveriam contemplar também espaços para os indivíduos entenderem seus ajustamentos criativos e sua função, assim como conversar sobre sofrimentos, dúvidas, inquietações, emoções não manifestas, atividades que favoreçam o fluir do potencial e das energias criativas.

A escolha do tema deste trabalho surgiu da experiência tanto com desenvolvimento de pessoas, sobretudo líderes nas organizações, como com atendimento psicoterapêutico de pacientes atuando ou que haviam atuado em funções executivas. Essas experiências me fizeram refletir sobre como pessoas que passaram por diversos processos ditos "de desenvolvimento" chegam a situações nas quais não conseguem reconhecer sua real identidade, sua essência ou seu propósito de vida.

Diante dessa inquietude, tive a necessidade de buscar nas raízes da psicologia clínica, especificamente na Gestalt-terapia, formas possíveis de trabalhar nas organizações a fim de promover o real desenvolvimento dos seres humanos e encontrar abordagens possíveis de atuação preventiva, contribuindo para que os indivíduos tomem consciência de si e de suas escolhas e apropriem-se de seu destino.

Meu objetivo foi buscar na abordagem da Gestalt-terapia aprendizados sobre o desenvolvimento dos indivíduos e analisar que conceitos e práticas podem ser aplicados fora do ambiente terapêutico, sobretudo nas organizações, tanto para viabilizar a realização dos potenciais individuais como para prevenir a evolução para ajustamentos disfuncionais. Assim, espero ajudar a:

- compreender a visão da Gestalt-terapia sobre o crescimento e o desenvolvimento das pessoas;
- entender como a Gestalt-terapia contribui para que o indivíduo conheça suas necessidades e ao mesmo tempo adapte-se de maneira saudável ao meio;
- analisar possibilidades de implementação da abordagem Gestalt-terapêutica nas organizações.

UMA PINCELADA FILOSÓFICA

> *O homem é apenas seu projeto, só existe na medida em que se realiza, ele é tão somente o conjunto de seus atos.*
>
> (Sartre, 1987, p. 55)

> *Cada vez que o homem escolhe seu compromisso e seu projeto com toda a sinceridade e com toda a lucidez, torna-se-lhe impossível preferir um outro.*
>
> (Sartre, 1987, p. 79)

Para Sartre, estamos condenados a ser livres; somos sempre escolhas que implicam um futuro aberto, indeterminado. E não há outra forma. O não escolher também é uma escolha.

Assim, com a perspectiva gestáltica, mas também com uma inspiração nas ideias de Sartre, colocarei algumas observações e inquietudes a respeito do ser nas organizações. Essencialmente, minha pergunta é: "Como as pessoas vivenciam suas escolhas para realizar o seu potencial nas empresas e como estas, com sua cultura e gestão de recursos humanos, facilitam ou dificultam esse processo?" Quando ingressamos numa empresa, o que queremos, o que sonhamos, o que desejamos, do que estamos nos afastando ou fugindo? Será que preferimos a "segurança" proposta por elas; o *status*, um futuro brilhante? Um ambiente social?

Qualquer que seja a resposta, ou a falta dela, decidimos seguir adiante nas empresas quando ouvimos o seu chamado. Mas, ainda assim, não fugimos da angústia, pois fizemos a escolha, escolha de seguir que provavelmente não nos levará ao que desejávamos, mas a outros destinos, o que só descobriremos após nos desligarmos ou sermos desligados do local de trabalho.

VISÃO DA GESTALT-TERAPIA

Nesta seção, ressaltarei alguns dos conceitos que fundamentam os trabalhos em Gestalt-terapia, pois serão constructos importantes para entender como os indivíduos se desenvolvem e mantêm seu equilíbrio saudável. O objetivo não é descrevê-los na sua riqueza e profundidade, mas o suficiente para dar suporte à proposta deste trabalho.

Na base da Gestalt-terapia está a visão do ser humano como uma totalidade, que busca autorregular-se e é capaz de ajustar-se criativamente às situações com que depara ao longo da vida. Assim, o homem tem a capacidade de crescer, usando seu potencial criador, que é despertado, energizado e mobilizado a partir das inquietudes que desafiam seu equilíbrio (Frazão e Fukumitsu, 2014).

O que leva o homem ao desequilíbrio de sua homeostase é o surgimento de alguma necessidade. Esta aparece como figura para ser satisfeita e então recuar para o fundo, gerando espaço para outra emergir. Simples assim: necessidade desequilibra o organismo, que busca autorregular-se para satisfazê-la e voltar ao equilíbrio, e assim segue-se indefinidamente. Considera-se aqui todo tipo de necessidade: fisiológica, psicológica etc., até porque o organismo na Gestalt-terapia é visto como um todo e não cindido entre corpo e mente. A cada necessidade atendida, o indivíduo fecha uma Gestalt. Essa capacidade de interagir com o meio, dar-se conta das próprias necessidades, mobilizar-se para satisfazê-las e retomar o equilíbrio é o que mantém o indivíduo saudável. A Gestalt-terapia descreve esse fenômeno como ciclo de contato (D'Acri, Lima e Orgler, 2012).

Já aquele que não consegue perceber e discriminar suas necessidades, não foca em cada uma delas de acordo com suas prioridades e, portanto, não interage com o meio em busca de satisfazê-las está num processo não saudável – pode-se dizer neurótico.

> PHG afirmam que na fronteira de contato existem dois processos de enfrentar emergências: ocultação e alucinação. Enfatizam, inclusive, que são "funções temporárias saudáveis num campo organismo-ambiente complicado". [...] No entanto, quando falam sobre a possibilidade neurótica na fronteira de contato, referem-se à emergência crônica de baixo grau, que acontece quando "existe um desequilíbrio crônico de baixa tensão, um incômodo contínuo de perigo e frustração, entremeado de crises agudas ocasionais, e nunca completamente relaxado [...] que cria uma sobrecarga crônica". (PHG *apud* D'Acri, Lima e Orgler, 2012, p. 171)

Nessa citação, Perls, Hefferline e Goodman (1997) ressaltam a importância de reconhecer a necessidade premente e mobilizar-se para satisfazê-la em sua interação com o meio. Assim, para a Gestalt, o homem é um ser relacional, que vive e se desenvolve em uma interdependência com o meio, buscando nele a satisfação de suas necessidades e sendo estimulado por ele, formando uma totalidade indivisível. Essa inter-relação indivíduo-meio é o campo, onde se estabelecem os contatos entre as partes. Vale dizer aqui que não se trata de apenas estar em contato sem se aperceber – como, por exemplo, o ar entrando em nossas narinas quando respiramos automaticamente –, mas sim de estabelecer um contato ativo e dinâmico em que percebemos a "novidade" por meio de nossos sentidos, nos mobilizamos em relação a ela e assimilamos ou rejeitamos o que se nos apresenta. Zinker (2001, p. 97) articula muito bem esse dinamismo quando diz:

> O contato é a consciência da diferença (o "novo" ou o "diferente") na fronteira entre organismo e ambiente; é marcado pela energia (excitação), maior presença ou atenção e "intencionalidade" que medeia aquilo que cruza a fronteira e rejeita aquilo que não é assimilável.

É o contato que nos dá a possibilidade de mudar e nos desenvolver. Nos escritos de Perls, Hefferline e Goodman (1997), o contato é colocado como um ajuste entre partes, sendo seletivo, fazendo escolhas entre o que é assimilado e o que é rejeitado:

> [...] o contato não pode aceitar a novidade de forma passiva ou meramente se ajustar a ela, porque a novidade tem que ser assimi-

> lada. Todo contato é ajustamento criativo do organismo e ambiente. [...] O que é difuso, sempre o mesmo, ou indiferente, não é objeto de contato. (Perls, Hefferline e Goodman, 1997, p. 44-45)

Nas relações interpessoais, ao nos permitir entrar em contato, nunca saímos delas sendo iguais. Há a assimilação do novo e o crescimento. Para isso, o ciclo de contato tem de se completar nos níveis sensorial, cognitivo, emocional e motor, com suas fases. Quando há interrupção nesse ciclo, o ajustamento não se dá de forma saudável – e são justamente os ajustamentos criativos que levam ao desenvolvimento. "Um contato que muda, que transforma, que cura, um processo de ecologia interna, profunda como uma totalidade viva, um processo de transcendência" (D'Acri, Lima e Orgler, 2012, p. 43-44).

Desse modo, para que possamos nos desenvolver, necessariamente precisamos de contatos de boa qualidade cujos ajustamentos criativos sejam funcionais, ou seja, estejam a serviço de algo. Dessa forma, um ajustamento que foi criativo em determinada situação passará a ser disfuncional se continuar existindo quando a situação já não for a mesma. Ou seja, ele terá ficado obsoleto, cristalizado e perdido sua função. Assim, além de contatos de boa qualidade, nos quais o ciclo se completa, necessitamos de ajustamentos criativos que perdurem tão somente enquanto se mantenham funcionais.

Além disso, ressaltamos que o contato de boa qualidade é condição para que exista a *awareness*, termo que não encontra tradução compatível em português, pois não é apenas consciência, no sentido que se dá em nosso idioma. Nesse caso, a conotação é cognitiva, enquanto para a Gestalt-terapia ela é mais ampla, energizada pela necessidade presente e por ser no aqui e agora.

Há várias citações e definições de *awareness* na literatura da Gestalt-terapia, mas a título de ilustração cito o conceito de Ginger e Ginger (1995, p. 254), que enfatizam seu caráter abrangente: "*Awareness*: tomada de consciência global no momento presente, atenção ao conjunto de percepção pessoal, corporal e emocional, interior e ambiental, consciência de si e consciência perceptiva".

Ressalto também as ideias de Thérèse Tellegen (*apud* D'Acri, Lima e Orgler, 2012, p. 33), que salientam seu aspecto transformador:

> [...] nela fica implícito o caráter dinâmico e de processo no termo fluxo, a finalidade do método de facilitar a discriminação e de promover a maior precisão no contato com a figura emergente, através do termo focalizado; e associativo, na medida em que a focalização poderá levar à produção de novas cadeias de relações de significado.

Ao falar do aspecto transformador, vale ressaltar uma perspectiva muito importante que a Gestalt-terapia tem sobre o significado de mudança. Ela é tratada numa linha de evolução interna, de autoconhecimento, de descobertas e apreciação de si, nos seus aspectos emocionais, na compreensão das suas incongruências, na integração de polaridades. É um "trabalho" que demanda autossuporte. Cito aqui mais uma vez Tellegen (*apud* D'Acri, Lima e Orgler, 2012, p. 230):

> Mudar é tornar-se o que já é; o árido é fértil. Não tentar dominar uma dor pela supressão, mas acompanhá-la atentamente, é um meio para não ser dominado por ela; permanecendo no vazio, encontra-se o pleno; o momento do caos prenuncia uma nova ordenação desde que não se tente impor ordem.

Também recorro a Gary Yontef (1998, p. 138), que, ao falar sobre a teoria paradoxal da mudança, foi brilhante ao afirmar: "Quanto mais você tentar ser quem não é, mas você permanece o mesmo".

Desenvolvimento, satisfação de necessidades, *awareness* e mudança são também termos muito utilizados nas organizações, sobretudo nas áreas de recursos humanos, mas com conotações distintas daquelas tratadas na Gestalt-terapia – ou, pelo menos, não considerados na mesma perspectiva, dinâmica e profundidade. Por isso, a seguir, lançamos um olhar para as organizações.

COMPREENDENDO AS NECESSIDADES DO SER HUMANO NAS ORGANIZAÇÕES

É escassa a literatura que aborda com profundidade o desenvolvimento profissional nas organizações para aqueles que não estão em posição de liderança. O foco parece estar mais nos líderes, e ainda assim a tendência é desenvolvê-los para os negócios. Se esse é o público que desenvolverá outras pessoas e outros líderes, estamos numa enrascada – e já veremos por quê.

O mundo corporativo demanda cada vez mais que seus líderes se adaptem rapidamente às mudanças exponenciais que se apresentam globalmente. Por outro lado, a maioria desses profissionais funciona de maneira reativa, como afirma Anderson (2017), ou seja, simplesmente protege o que está estabelecido, seja por poder, relacionamento ou controle, e se lastreia no modo de ser que o sustentou até o momento. Ou seja, do ponto de vista gestáltico, eles estão cristalizados e não fazem novos ajustamentos criativos. Esse universo, no entanto, necessita de líderes criativos e flexíveis, capazes de se ajustar às novas demandas. Eles devem ser desprendidos de padrões fixos e procurar desenvolver novas habilidades, principalmente as que se referem a relacionamentos interpessoais e colaboração. Quem não está aberto a descobertas e ao autoconhecimento dificilmente navegará num mundo de colaboração, onde a relação dialógica é fundamental (Anderson, 2017).

Tendo em vista os constructos da Gestalt-terapia descritos no tópico anterior, ao analisarmos o desenvolvimento das pessoas nas organizações, algumas premissas precisariam ser satisfeitas. Por exemplo, como as organizações impõem fortemente os resultados esperados e a maneira como estes devem ser atingidos, pude observar que na maioria das vezes o foco dos funcionários está em atender ao esperado por essas empresas. A figura da percepção do indivíduo pode até ser sua necessidade, porém as necessidades individuais também precisam ser identificadas e atendidas. Muitas vezes, se a pessoa não se dá conta de que essas necessidades estão lá, estas darão notícias e buscarão formas de se expressar – por exemplo, por meio do corpo. Basta observar como é comum encontrar indivíduos tensionados, com dores nas costas, no pescoço, enxaquecas, gastrites etc.

Lembro-me de uma conversa com um executivo que tinha recorrentemente um "travamento na coluna", como ele dizia. Já havia feito exames e a coluna estava bem, porém a musculatura mostrava-se tensionada. Sua atitude no escritório era sempre muito amistosa, gostava de ser popular e de aceitar os desafios que lhe delegavam. Na verdade, procurava por eles, perguntava às pessoas o que não estavam conseguindo resolver para que ele as ajudasse. Quando lhe perguntei o que não estava conseguindo resolver consigo mesmo, ficou pensativo e disse: "Nada... Não sei... Na verdade, não tenho tempo para pensar se preciso de algo. Sou contratado para resolver os problemas da empresa". Com ar de orgulho, ainda afirmou: "Há meses não tenho tempo para jogar futebol com os amigos". Consequentemente, a energia gerada pelas necessidades não acolhidas, sentidas, percebidas e trabalhadas para sua realização fica aprisionada no corpo, não encontra repouso e se desorganiza.

No processo saudável, o indivíduo tem a capacidade de realizar ajustamentos criativos que lhe permitem se adaptar ao que o ambiente impõe de forma singular e, ainda assim, atendem às suas necessidades. Além disso, esses ajustamentos precisam ser atualizados, pois são saudáveis enquanto têm uma função. Esse seria o funcionamento que sadiamente promove o desenvolvimento.

O que testemunhei em várias empresas não é bem assim. Há casos em que as pessoas acabam por tomar para si as necessidades do local de trabalho e outros em que, após um ajustamento criativo que deu certo, os indivíduos atuam sempre da mesma forma, mesmo em situações em que esse comportamento já não é mais cabível. A pessoa ficou cristalizada, com ações não ajustadas ao momento presente. Dou o exemplo de um gerente de produção que fora do trabalho era muito sociável e amoroso, mas na empresa evitava encontros com os subordinados na hora do almoço e nunca aceitava convites para os *happy hours*. Sempre que se reuniam, ele ia direto ao ponto e não tinha nem mesmo um pequeno diálogo para quebrar o gelo. Quando recebeu uma avaliação negativa sobre seu comportamento distante e frio, ele não se reconheceu nessa descrição, pois se sentia cuidadoso com elas, dando-lhes os recursos e ferramentas para o trabalho; disse que só não tinha conversas pessoais para não atrapalhar a produtividade, e que ele era diferente fora dos portões da empresa. Duas polaridades que não se integravam e não lhe permitiam reconhecer sua necessidade de contato no ambiente corporativo. Lá ele priorizou a necessidade da empresa, que era a produtividade.

É praticamente universal nas organizações existir um momento formal para a definição dos objetivos do ano, do semestre ou do trimestre, considerando a agilidade com que as coisas estão mudando nos ambientes de negócios. Atreladas a isso, discutem-se também as necessidades dos profissionais para que eles atinjam os objetivos traçados e sejam mais produtivos. Raramente presenciamos conversas nas quais as necessidades do indivíduo sejam consideradas.

Pode-se argumentar, como Sartre, que cada um é o que faz de si mesmo e não o que outros façam dele. Assim, todo sofrimento e não liberação do real potencial, da vocação e dos desejos, em nome de obter os objetivos da empresa, é responsabilidade exclusiva do profissional. Porém, não posso deixar de perguntar: o que fazem os profissionais de recursos humanos nesse contexto, sobretudo quando um dos propósitos de sua formação é desenvolver pessoas?

Como vimos, para haver desenvolvimento é necessário identificar e buscar satisfação das necessidades num contato de qualidade com o meio, ajustando-se criativamente ao novo.

Bob Anderson (2017, tradução da autora) afirma: "O diálogo é uma ferramenta para a transformação pessoal. À medida que os diálogos se aprofundam, uma coisa maravilhosa acontece: a consciência do grupo se expande". Numa linguagem gestáltica, a expansão da *awareness* dos indivíduos afeta o ambiente, encorajando o aumento da permeabilidade das fronteiras individuais e ampliando a interdependência, os encontros verdadeiros.

No entanto, minha experiência mostra que a maioria dos ambientes profissionais não propicia verdadeiras relações dialógicas, em que os indivíduos desenvolvam seu autossuporte e sintam que têm o suporte do meio necessário para que suas necessidades individuais possam ser acessadas, acolhidas e resolvidas. Isso não deve ser novidade para o leitor e parece ser cultural, social e economicamente aceito. Existe muita pressa para alcançar os resultados e não há tempo para a atenção às pessoas, o que tem provado ser uma falácia. Quanto maior a informatização, e quanto mais a inteligência artificial se desenvolve, mais evidente fica a importância do humano e de sua criatividade oriunda das emoções e não da razão. Da razão a inteligência artificial dá conta.

O mundo corporativo demanda cada vez mais que seus líderes sejam pessoas capazes de se adaptar rapidamente às mudanças exponenciais que se apresentam globalmente. Por outro lado, a maioria dos líderes "funciona" num modo que Anderson chama de reativo, ou seja, simplesmente protege o que está estabelecido – seja por poder, por relacionamento, por controle – e se lastreia no modo de ser que os sustentou até o momento. Ou seja, do ponto de vista gestáltico, estão cristalizados e não fazem novos ajustamentos criativos. O mundo corporativo, porém, necessita de líderes criativos e flexíveis, capazes de se ajustar às novas demandas. Eles são desprendidos de padrões fixos e procuram desenvolver novas habilidades, sobretudo as que se referem a relacionamentos interpessoais e colaboração. Dificilmente quem não está aberto a descobertas e ao autoconhecimento navegará bem num mundo de colaboração, onde a relação dialógica é fundamental.

Os profissionais de RH e psicólogos organizacionais poderiam contribuir mais se propiciassem às pessoas condições para desenvolver seu autossuporte, a fim de que conseguissem dar conta de suas necessidades em vez de se orientar pelas introjeções, as quais aparecem quando as necessidades não são acolhidas e, portanto, retraem-se. Os psicólogos organizacionais poderiam, certamente, ajudar os indivíduos a se sintonizar com o que estão sentindo e, a partir daí, começar um processo de entrada num ciclo de contato. O foco do RH seria então ajudar os profissionais a ampliar sua *awareness*, o que percebo como uma mudança radical para muitos dessa área, cujo foco está na melhoria da *performance*, ou seja, nos resultados, e não no indivíduo que os entrega.

Anderson e Adams (2016, p. 155, tradução da autora), ao apresentar os resultados de suas pesquisas sobre liderança, escrevem que "os processos de evolução em comunidades (organizações ou sociedades) só acontecem com a expansão da consciência daqueles que a compõem", e afirmam: "O desenvolvimento humano (tanto psicológico como espiritual) deve estar no banco do piloto", ou seja, é o que dirige as transformações. Eles também apontam que "as pessoas precisam de ajuda e suporte para fazer sua jornada interior".

O CAMPO: AMBIENTE ORGANIZACIONAL

Nessa interação profissional, em que as necessidades individuais ficam dissipadas no campo, as pessoas buscam sua "sobrevivência" e enfrentam as tensões geradas por situações abertas, procurando aliviar-se assim que possível e da forma que lhes for cabível no momento – o que em Gestalt-terapia é chamado de ajustamento criativo, ou seja, uma tensão que energiza e organiza o comportamento. Esse comportamento energizado e organizado na interação com o meio pode aproximar-se do que é nutritivo e afastar-se do que é toxico.

Os ajustamentos criativos funcionais, obviamente saudáveis, podem, sim, estar alinhados ao desenvolvimento do indivíduo. Por outro lado, os ajustamentos disfuncionais ou os que se transformaram em disfuncionais ao longo do tempo, por terem se cristalizado, levam à interrupção dos processos de crescimento e desenvolvimento. É a tão conhecida "zona de conforto" profissional, que pode se perpetuar por anos sem que o indivíduo se dê conta de que ela o está impedindo de crescer, entrando num processo não saudável.

Nas organizações, o foco está no que a pessoa faz e, às vezes, em como ela faz, mas raramente se considera de que forma ela está impactada pelo que acontece no campo, por sua existência nesse ambiente. Para o existencialismo somos liberdade, transformação, e, seguindo essa linha, a Gestalt afirma que nada é, tudo está; porém, nas organizações, o foco fica no "é", ou melhor, no ter de ser. Basta ver as avaliações de desempenho anuais, nas quais o profissional é medido e apreciado, ou não, por seu papel na organização – ou seja, pelo que ele faz. Então, como considerar o homem em constante e infindável processo de construção de si mesmo? Que nível de autoconsciência esses profissionais, ou melhor, essas pessoas, interagindo numa organização, cumprindo um papel profissional específico, alcançam?

A consciência intencional, no existencialismo, e a *awareness* e a presentificação, na Gestalt-terapia, são formas de experienciar não apenas cognitivas, mas sensoriais, integrativas, e envolvem o organismo como um todo. É um processo de estar em contato vigilante com o fato mais importante do campo indivíduo-ambiente, com total apoio sensório-motor, emocional, cognitivo e energético. A *awareness* é fluxo, é associativa e mutante. Ela ajuda a delimitar a figura e fechar a Gestalt. Permite hierarquizar as necessidades e ir em busca delas de acordo com as possibilidades do meio.

No meio organizacional, o campo realça a primazia das necessidades de aceitação pelo empregador, de preservação do trabalho para manutenção de renda, do desempenho alto que será premiado, bonificado ou qualquer outra relacionada com a necessidade de ter um vínculo profissional. Esse meio expurgará os que não estiverem em conformidade com suas demandas de resultado e imagem. Existe, sim, espaço para aprendizagem e desenvolvimento de aspectos cognitivos e não cognitivos, mas estes devem estar primordialmente a serviço da organização. Claro, há momentos em que as necessidades individuais e organizacionais convergem. Mas as pessoas estariam em contato consciente com suas reais necessidades, ou conheceriam tão somente as necessidades imediatas colocadas pela empresa sem ter clareza das suas próprias, nem daquelas figuras que foram jogadas para o fundo e não mais emergiram? Ou seja, a necessidade de se ajustar ao meio/empresa pode deixar o contato do indivíduo com as próprias necessidades em segundo plano, no fundo de sua percepção.

Ou, ainda, será que reveem comportamentos cristalizados, aqueles ajustamentos que um dia foram criativos, mas agora não têm mais serventia, pois já não são mais funcionais? A *awareness* não é um momento, não é um *insight*. Ela é fluida, modifica-se o tempo todo, assim como o aqui e agora, o fenômeno existencial. Ela pode estar ampliada ou reduzida, e na Gestalt-terapia busca-se sua ampliação.

Nas empresas, vemos pessoas entediadas, confusas, com raiva, sem foco, indecisas, com dificuldades de aceitar o novo. Vemos indivíduos frustrados, mas que não percebem que seus desejos imediatos não estão alinhados com suas necessidades. Claramente expressam o "tenho de", mas não vivenciam suas escolhas, as necessidades que essas ações representam naquele momento. Além disso, para ampliar sua *awareness,* precisam estar no presente e geralmente não estão no "aqui agora", no fenômeno existencial: seu foco costuma estar no desempenho passado que justifica sua remuneração ou no futuro, nas metas a ser atingidas.

Penso que aqueles que se mostram confusos, frustrados e com raiva no ambiente corporativo estejam enfrentando uma dificuldade nos ajustamentos criativos que precisam realizar, seja porque não conseguem reconhecer suas necessidades e, portanto, ajustam-se ao ambiente de maneira desequilibrada, deixando suas necessidades pessoais de fundo, seja porque não atualizam suas reações em um campo que está em constante transformação.

O CAMINHO DO DESENVOLVIMENTO

A Gestalt-terapia vê o homem em sua totalidade, como um ser que busca autorregular-se, com capacidade de ajustar-se criativamente às situações. Dessa forma, o homem tem potencial para desenvolver-se. As empresas trabalham muito fortemente com a crença no desenvolvimento das potencialidades e oferecem situações desafiadoras, treinamentos e *coaching* para estimular o ajustamento criativo de seus profissionais. Aqui parece que temos uma área de intersecção entre a visão da Gestalt-terapia e o pressuposto das empresas sobre desenvolver potencialidades.

Dando um passo além, para a Gestalt-terapia, se mantivermos os ajustamentos criativos sempre da mesma forma, estes perderão sua funcionalidade, passando então a ser disfuncionais. Nesses casos, a visão gestáltica oferece o suporte para que a pessoa se dê conta (se torne *aware*) de tais cristalizações e busque novas formas de adaptação, desta feita com outros ajustamentos criativos que se mostrarão saudáveis, no sentido de terem funções que permitam-na se readaptar e lidar com a nova situação apresentada.

Voltando outra vez o nosso olhar para as organizações, muitas delas, por meio de seus profissionais de recursos humanos, também acreditam que as pessoas precisam estar conscientes, ou seja, conhecedoras de como atuam e dos impactos de sua atuação e de seu comportamento na *performance*. A diferença aqui começa a ampliar-se; diferentemente da Gestalt-terapia, a consciência proposta nas empresas é somente cognitiva. O *feedback*, tão utilizado como forma de ampliar a consciência do indivíduo, é algo informativo somente, e na grande maioria das vezes chega à pessoa num momento distante do ocorrido. Não desqualifico sua importância, pois ele dá informações sobre o campo, mas fica só no âmbito racional, do conhecimento *per se*. A vivência necessária para mobilizar os recursos internos a partir do contato sensorial, motor, emocional, além do cognitivo, não acontece e, portanto, a *awareness* também não ocorre. As *Gestalten* não se formam ou possivelmente o fazem no momento do contato com o funcionário que dá o *feedback*, mas é muito provável que o indivíduo se aproprie apenas do sentido da experiência passada à qual o *feedback* se refere.

Não havendo *awareness*, que tipo de ajustamento criativo a pessoa pode fazer? Se na Gestalt-terapia temos o terapeuta como catalizador do processo, nas organizações o RH ou o *coach* poderiam assumir esse papel, ajudando os indivíduos a dar conta de si e a encontrar formas de se adaptar criativamente e se manter saudáveis.

Indo agora à raiz, para haver *awareness* é preciso haver contato. E que tipo de contato esses profissionais, incluindo os de RH, estão conseguindo fazer nas organizações? Nem é preciso generalizar e falar dos contatos profissionais diários; vamos fazer um recorte dos contatos que as organizações defendem ser fundamentais para o desenvolvimento profissional: o momento da conversa ou das ações de desenvolvimento. Para a Gestalt-terapia, o contato verdadeiro deve ser um contato com o novo; o que é rotineiro ou difuso não gera contato. O que se vê nas empresas, na maioria das vezes, é um momento protocolar, guiado por processos, formulários ou relatórios. Assim, pergunto-me: com quem as pessoas estão fazendo contato e qual é a qualidade dele?

Não quero aqui ingenuamente romantizar, propondo que todos os contatos no ambiente profissional que se proponham a desenvolver pessoas sejam exclusivamente relações Eu-Tu no sentido proposto por Buber (2001), nos quais os indivíduos se relacionam autenticamente, considerando os indivíduos envolvidos em sua totalidade, sem delimitar partes deles; compreendo que há momentos em que a informação unidirecional para a formação ou orientação das pessoas precisa ocorrer, dando lugar a uma relação Eu-Isso, focando na funcionalidade. O que sugiro é que os encontros que se propõem a desenvolver pessoas, entre RH, *coaches* ou psicólogos organizacionais com os profissionais da empresa, que são os seus clientes internos, sejam entre duas pessoas, com presença, respeito por sua totalidade e inteireza. Que haja um diálogo verdadeiro no qual os colaboradores do RH se deixem também afetar pelos demais profissionais, numa mão dupla, numa apreciação do que ocorre no "entre" os dois. Que o RH saia da relação Eu-Isso, da coisificação das pessoas, na qual as vê meramente como ocupantes de cargos. Que deixem de existir as conversas de mão única, que levam os indivíduos a ser vistos apenas pela utilidade que têm na empresa.

Por outro lado, de acordo com a visão "sartreana" (Sartre, 1987), em que todos escolhem como colocar-se nesse mundo, sendo até o "não escolher" uma escolha, os funcionários da empresa podem ter sua parte de contribuição para dialogicamente transformar a forma como o RH os apoia, fortalecendo a consciência que ocorre na interação.

Na abordagem gestáltica, o homem é um ser relacional, portanto, nas organizações, o trabalho com o entre é fundamental para que as necessidades do indivíduo sejam consideradas. Ainda para a Gestalt, como vimos, o ser humano está em constante crescimento e precisa se ajustar para isso, fazendo homeostases para suprir suas carências. Ora, esses dois pressupostos por si sós já seriam suficientes para guiar os profissionais de RH no trabalho com as pessoas para o seu real desenvolvimento.

De acordo com Cardella (2017, p. 126), "o crescimento acontece e se constitui na experiência, que é o que ocorre entre o eu e o não eu; para a constituição do si mesmo é necessário que haja o outro, o homem é ser de fronteiras".

ANGÚSTIA (E POTÊNCIA) NAS ORGANIZAÇÕES

Do ponto de vista sartreano, as pessoas, nas empresas, ao se tornar conscientes de sua condição de liberdade de escolha, enfrentariam angústia diante das consequências de suas decisões e da imprevisibilidade causada por sua capacidade de transformação constante. Diante disso, poderiam tentar escapar desse sentimento fingindo, o que pode ser considerado pela Gestalt-terapia um ajustamento criativo. Os indivíduos podem fingir não ter liberdade de escolha, fingir que não têm alternativas, fingir que o meio, os outros, a empresa são causas de suas atitudes; fingir que as circunstâncias os conduzem às suas escolhas e decisões. Segundo Sartre, isso seria agir de "má-fé", ou seja, uma tentativa de fuga da realidade, negando sua liberdade absoluta. Porém, isso é um grande equívoco; fugir da angústia da liberdade de escolha é também uma escolha, como se observa na citação a seguir:

> A liberdade é o único fundamento dos valores e nada, absolutamente nada, me justifica ao adotar tal ou tal valor, tal ou tal escala de valores. Enquanto ser pelo qual os valores existem eu sou injustificável. E minha liberdade se angustia de ser o fundamento sem fundamento dos valores. (Sartre, 1998, p. 76)

Se cada ação, cada momento, cada determinação são escolhas, e se somos responsáveis por elas, quanto mais cedo nos tornarmos conscientes disso e mais empoderados estivermos para nos responsabilizarmos por nossos atos, melhor poderemos usar nossas potencialidades e desejos e mais conscientes seremos de nossas transformações no mundo. Reassumir nossa liberdade, que nos é constitutiva, fazer tomando uma posição, fazer algo de mim, algo por mim e algo pela humanidade. É esse o existencialismo que os *coaches* e os psicólogos organizacionais poderiam facilitar no ambiente organizacional. Ou seja, o indivíduo interage no campo/meio para satisfazer suas necessidades, mas o campo é como ele é: há o limitante da realidade, o que pode ser ponderado com o suporte do psicólogo organizacional, que o apoiará na jornada do autoconhecimento, na compreensão de como se sente naquele momento, naquele meio e como esse meio lhe afeta, abrindo-lhe para o crescimento ou interrompendo seu fluxo de tomada de consciência e seu ciclo de experiência. E, enfim, compreendendo quanto é ou não dono do seu destino.

O *continuum* de tomada de consciência não é simples; não é apenas tomar consciência do que se passa a cada minuto, pois quando isso se torna desagradável ou dolorido é, na maioria das vezes, interrompido e as pessoas rapidamente retornam ao passado, apelam para o cognitivo, começam a intelectualizar e voltar à periferia. A *awareness* não ocorre.

Como tratar das frustrações às necessidades desses profissionais? Os indivíduos se juntam a organizações, aceitam empregos, projetos, promoções buscando satisfazer alguma necessidade daquele momento – da mais básica, como obter remuneração para seu sustento ou de sua família, a conseguir *status* e poder, passando pelas necessidades de pertencimento, de socialização, de participar de um propósito. No ato dessa escolha, pode haver uma complementação perfeita, ou quase. Com o passar do tempo, as necessidades mudam, assim como os planos e estratégias da empresa, os chefes, os colegas, os projetos – felizmente, para o progresso e para o crescimento, para aqueles que conseguem ajustar-se criativamente às novas demandas internas e externas, mesmo que isso implique tomar a decisão de sair daquele trabalho. Segundo minha experiência, porém, o que existe é resiliência e capacidade de suportar frustrações, muitas vezes até sem entrar em contato com elas. As necessidades ficam em segundo ou terceiro plano. Quanto melhor a *performance*, mais resultados para as organizações, mais estas lhes acenam com novos projetos, que, chamados de desafios, fisgam o herói ou heroína dentro do profissional. E a pessoa, onde fica? Ser gente, ser humano deveria ser simples, mas muitas vezes é muito complexo; difícil até mesmo resgatar quem sou eu e onde me perdi.

O interessante é que esse sofrimento não leva a uma reflexão, mas a uma busca de corresponder às expectativas do meio e, às vezes, a uma expectativa que o indivíduo imagina que o meio espera dele. O imbróglio vai crescendo e novos treinamentos e novas promoções vêm. E assim vamos... Até que a demissão, ou pior, a aposentadoria chega. Será que dessa vez a sabedoria chega junto? Infelizmente não foi o que presenciei na quase totalidade dos executivos que acompanhei nesse martírio.

> Os que eram meus pares já não têm mais tempo para mim. Os clientes já não me reconhecem sem o meu sobrenome. (Referindo-se ao nome da empresa que carregava junto ao seu.)
> *Quando falo meu nome, me perguntam: de qual empresa? Aí fico sem saber como me portar.*

GESTALT-TERAPIA SÓ VALE PARA A CLÍNICA?

Embora a abordagem gestáltica venha sendo usada majoritariamente na clínica, seus princípios e conceitos podem ser aplicados também nas organizações. Nessa área o trabalho seria mais na linha profilática, dando suporte às pessoas para acessarem suas necessidades e à empresa para que os métodos de desenvolvimento profissional considerem os processos de desenvolvimento de cada indivíduo.

Poder-se-ia auxiliar os indivíduos a ter contatos de boa qualidade e a ser vigilantes, dando-se conta do aqui e agora. Ampliar a *awareness* não é um processo deliberado. A pessoa não a programa ou coloca numa agenda, ela vai acontecendo, principalmente quando há a ajuda para "limpar o terreno", como faz o terapeuta. Uma vez que o indivíduo amplia sua *awareness* e enxerga algo, não mais vai deixar de ver isso, o que pode ser dolorido. Não seria tão fácil fazer isso nas organizações; o processo é lento, mas é possível. O *coach* ou o psicólogo organizacional certamente pode ajudar os profissionais a entrar em contato com suas necessidades e suas áreas de oportunidade. É possível ao menos deixar de interromper os processos de ampliação da *awareness* dos profissionais.

Creio que um ponto em comum entre a clínica e a área de desenvolvimento das organizações seja o suporte aos indivíduos para que se conscientizem do impacto de seus comportamentos no meio e vice-versa. E, do ponto de vista existencialista, permitir que eles entendam o efeito do seu livre-arbítrio em suas escolhas, a fim de tomar uma posição clara e não fazer por fazer (o que não deixa de ser uma escolha também e, portanto, com suas consequências associadas). As organizações, no entanto, promovem o desenvolvimento das pessoas para que elas tenham maior impacto positivo nos resultados, enquanto na clínica o foco é levar o indivíduo a ser o protagonista de sua experiência no mundo por meio da compreensão do que se passa com ele na interação com o meio. O ponto de cruzamento entre clínica e área de RH surgiria, então, quando as necessidades individuais convergissem com as demandas corporativas, de modo que, ao satisfazerem suas necessidades, as pessoas ao mesmo tempo trouxessem melhores resultados para as organizações. A abordagem gestáltica nas ações de *coaching* e de desenvolvimento de RH, desde uma simples entrevista de seleção, por exemplo, pode gerar saúde organizacional.

INTERVENÇÕES NAS ORGANIZAÇÕES

Como vimos, o *continuum* de tomada de consciência por vezes é dolorido e as pessoas rapidamente retornam ao passado, apelam para o cognitivo, começam a intelectualizar e voltar à periferia.

Quebrar esse ciclo seria um movimento em direção à satisfação. Descobrir como o indivíduo ou o meio interrompem o ciclo da experiência ajudaria a pessoa a descobrir questões inacabadas do passado (*Gestalten* abertas). Mais importante, ela seria capaz de aprender a impedir as interrupções de maneira que o ciclo pudesse mover-se em direção à satisfação da necessidade da figura original. Exemplifico aqui uma situação inacabada na fala de um executivo desligado depois de 18 anos na mesma empresa, na qual tinha sido promovido várias vezes: "Fui desligado, mas não consigo me desligar".

A situação gerou luto, um desequilíbrio que demandou uma busca de si mesmo, a busca de alguém que havia se perdido tentando se fazer como profissional. Houve total confluência e o executivo não conseguia dissociar-se do papel que exercera. Havia passado muito tempo ajustando-se sem refletir. Enlutou-se por si.

Como alguém que, durante tantos anos, conseguiu ajustar-se criativamente e ser bem-sucedido de repente não mais consegue fazê-lo? Ou melhor, deixou-se cristalizar ao sofrer uma rejeição daquele a quem se fundiu?

Para crescer, o indivíduo depende de sua *awareness*, tendo assim a capacidade de discriminar e consequentemente assimilar o que é nutritivo e rejeitar o que é tóxico. Ajudar os indivíduos a ter contatos de boa qualidade, ser vigilantes e a se dar conta do aqui e agora é uma fundação importante que os psicólogos organizacionais podem oferecer.

Creio na possibilidade de fomentar a ampliação da *awareness* no sentido gestáltico e promover o crescimento das pessoas nas organizações no sentido existencialista. Há também muitas interrupções dos ciclos de experiências que levariam ao crescimento. Interrupções iniciadas ora pelo meio, ora pela própria pessoa. Existem inúmeras oportunidades para que o psicólogo organizacional atue junto com os profissionais que desejam mais ajustamentos criativos e menos ajustamentos disfuncionais. Mudar a realidade cabe a quem o desejar e a quem esteja disposto a ser o que é para mudar.

CONCLUSÃO

O que mais me fascina na Gestalt-terapia é sua crença na capacidade do crescimento humano, seu enfoque nos recursos e potencialidades dos indivíduos em interação com o ambiente, ajudando-as a fazer suas escolhas com responsabilidade.

Esse aspecto revela em seus fundamentos o existencialismo, no sentido de que para este é a pessoa quem realiza a sua existência. O ser humano é o que ele faz de si e não o que os outros fazem dele. Sartre, como filósofo existencialista assumido – dizem que o primeiro a assumir-se assim –, acreditava que a existência do homem precede sua essência, ou seja, chega ao mundo sem um projeto de "ser" preconcebido; aporta livre para fazer suas escolhas e construir-se.

Perls (*apud* Stevens, 1977, p. 21) afirma:

> Quando o indivíduo tenta viver de acordo com ideias preconcebidas de como o mundo "deveria" ser, ele se afasta de seus próprios sentimentos e necessidades. O resultado dessa alienação dos sentidos é o bloqueio de seu potencial e a distorção de sua perspectiva.

O ser humano, ao deixar-se viver como um personagem, com o rótulo de um cargo, qualquer que seja, se descola de si, pois não mais está identificando as próprias vontades e não se dá conta daquilo que seu "eu" necessita. Assim, deixa de ser o protagonista de sua existência e passa a viver as introjeções que "engole", sem digerir, do seu meio profissional. Sendo o ator principal ao colocar-se no mundo, ele preserva seu eu no ambiente profissional.

Ao implantar uma abordagem gestáltica nas organizações, o psicólogo organizacional, o RH, o *coach* permitiriam não apenas que os profissionais conhecessem as necessidades da empresa, mas sobretudo que entrassem em contato com as suas próprias. A partir disso, pavimentariam o caminho para que tais profissionais entrassem em contato com o meio, ajustando-se criativamente para satisfazer suas necessidades e, indo mais além, criando um ambiente seguro onde pudessem ampliar sua *awareness* por meio dos contatos de qualidade. Para tanto, não vejo necessidade de grandes investimentos; as empresas já têm sistemas de recrutamento, seleção, avaliações, espaços e orçamentos para treinamentos, *workshops* etc. Esses processos "apenas" precisariam ser enriquecidos para ter um olhar para as pessoas e não só para os papéis que desempenham.

Está na hora de parar de temer acessar os medos que sustentam os ajustamentos disfuncionais. Já noto que algumas empresas começam a perceber que o respeito às necessidades individuais vai além de constituir um ambiente inclusivo, respeitando diferenças raciais, culturais e de gênero – por exemplo, as empresas que permitem a constituição de equipes autogerenciáveis. Vejo também estudiosos sobre liderança baseando-se em constructos e pesquisas na área de psicologia, afirmando que para as empresas se transformarem dentro do que é demandado pelos negócios e mercados é preciso que as pessoas que nela trabalham, sobretudo seus líderes, sejam capazes de transformar-se internamente. E nós, gestaltistas, sabemos que a forma de nos transformarmos é nos conhecendo profundamente e sendo o que realmente somos, estabelecendo contatos de qualidade, ampliando a nossa *awareness*, fazendo ajustamentos criativos.

O problema está identificado, a solução esperada também, mas ainda não vejo uma forma de chegar lá sendo claramente praticada. Se uma abordagem gestáltica fosse implementada nas organizações, propiciando ampliação da *awareness* (ou consciência intencional, segundo a fenomenologia), as pessoas poderiam então assumir a responsabilidade por suas escolhas, entendendo-as ao experienciá-las, vivendo mais em conformidade consigo mesmas. Aqueles que, segundo o existencialismo, são indeterminados se transformariam com maior consciência, empoderando-se e responsabilizando-se por suas escolhas.

Recordando a teoria paradoxal da mudança (Yontef, 1988), há de se conhecer profundamente para que se possa ser o que se é de verdade. Preservar o "eu" para adaptar-se criativamente.

Que os seres humanos, em seus papéis profissionais, façam a si mesmos e ao mundo com suas escolhas.

REFERÊNCIAS

ANDERSON, B. "Leadership: uncommon sense". *The Leadership Circle*, mar. 2017. Disponível em: <https://2y3l3p10hb5c1lkzte2wv2ks-wpengine.netdna-ssl.com/wp-content/uploads/2018/03/Leadership-Uncommon-Sense-Whitepaper-MARCH2017.pdf>. Acesso em: 8 out. 2019.

______. "The spirit of leadership". *The Leadership Circle*, mar. 2019. Disponível em: <http://2y3l3p10hb5c1lkzte2wv2ks-wpengine.netdna-ssl.com/wp-content/uploads/2019/04/Spirit-of-Leadership-Whitepaper-V.2-MAR2019.pdf>. Acesso em: 8 out. 2019.

Anderson, B.; Adams, A. W. *Mastering leadership – An integrated framework for breakthrough performance and extraordinary business results*. Nova Jersey: John Wiley & Sons, 2016.

Buber, M. *Eu e Tu*. 10. ed. São Paulo: Centauro, 2001.

Cardella, B. H. P. *A construção do psicoterapeuta – Uma abordagem gestáltica*. São Paulo: Summus, 2002.

______. *De volta para casa*. Amparo: Foca, 2017.

D'Acri, G.; Lima, P.; Orgler, S. (orgs.). *Dicionário de Gestalt-terapia – "Gestaltês"*. São Paulo: Summus, 2012.

Frazão, L. M.; Fukumitsu, K. O. (orgs.). *Gestalt-terapia: conceitos fundamentais*. Coleção Gestalt-terapia: fundamentos e práticas, v. 2. São Paulo: Summus, 2014.

Ginger, S.; Ginger, A. *Gestalt – Uma terapia do contato*. São Paulo: Ágora, 1995.

Hycner, R. *De pessoa a pessoa – Psicoterapia dialógica*. São Paulo: Summus, 1995.

Perls, F. S. *Isto é Gestalt*. São Paulo: Summus, 1977.

______. *Ego, fome e agressão – Uma revisão da teoria e do método de Freud*. São Paulo: Summus, 2002.

Perls, F. S.; Hefferline, R.; Goodman, P. *Gestalt-terapia*. São Paulo: Summus, 1997.

Sartre, J.-P. *O existencialismo é um humanismo*. Coleção Os Pensadores. 3. ed. São Paulo: Nova Cultural, 1987.

____. *O ser e o nada – Ensaio de ontologia fenomenológica*. 6. ed. Rio de Janeiro: Vozes, 1998.

Stevens, J. O. *Isto é Gestalt*. São Paulo: Summus, 1977.

Tellegen, T. A. "Para uma identidade em Gestalt: eixos do processo terapêutico". Apresentação no Seminário I do Centro de Estudos de Gestalt de São Paulo, Instituto Sedes Sapientiae, São Paulo, 1986.

Yontef, G. M. *Processo, diálogo e awareness – Ensaios em Gestalt-terapia*. São Paulo: Summus, 1988.

Zinker, J. C. *A busca da elegância em psicoterapia – Uma abordagem com casais e sistemas íntimos*. São Paulo: Summus, 2001.

______. *Processo criativo em Gestalt-terapia*. São Paulo: Summus, 2007.

5
Racismo à brasileira e sofrimento psíquico da população negra: contribuição da Gestalt-terapia

SAMANTA SANTOS DA FONSECA

INTRODUÇÃO

> *A descoberta de ser negra(o) é mais que a constatação do óbvio.*
> (SOUZA, 1983)

Permito-me trazer duas lembranças com minha avó, Dudu, para introduzir a importância de se falar sobre as relações raciais no Brasil.

Em uma das conversas que nós tivemos, certa vez, ela explicou que sua avó materna, a Martinha, havia sido "cativa" (escravizada) e que sua mãe não a foi apenas por ter nascido no "ano da liberdade", em que o ventre materno estava "livre", referindo-se à abolição da escravatura. Eu, curiosa, tentava sondar e colher mais informações sobre minha família pregressa, mas minha avó dizia que naquela época não se conversava à mesa com os(as) netos(as) como nós duas fazíamos. Não havia conversas, apenas silêncio.

Em outra lembrança, lembro-me de quando deixei meu cabelo no estilo *black power*. Ela ficava inconformada, dizia para eu me sentar que ela ia pentear meus cabelos, que estavam para cima, chegando a perguntar ao meu marido como ele me deixava sair daquela maneira. Para ela, o cabelo de uma mulher negra deveria estar devidamente esticado pelo pente e preso, o que denotaria uma aparência respeitosa.

Ambas as situações me fazem pensar sobre o silenciamento em torno dos temas escravidão negra e dificuldades do pós-abolição, bem como da identificação negativa que as pessoas negras desenvolveram a respeito da própria identidade no cenário brasileiro. Em muitas famílias, o silêncio em relação a determinados assuntos e a ferida da falta de enraizamento e pertencimento são geracionais, bem como a aparência bela e respeitosa é a do outro, ou seja, da pessoa branca. Mais adiante desenvolverei esse tema de forma aprofundada, bem como discutirei os recursos da Gestalt-terapia para formar uma clínica das relações raciais pautada na valorização da consciência do(a) próprio(a) terapeuta sobre tais aspectos.

RACISMO

A ferida não cicatrizada

O livro *Tornar-se negro: as vicissitudes da identidade do negro em ascensão social* foi escrito pela psicanalista negra Neusa Santos Souza em 1983. Sua publicação foi emblemática, inaugurando a discussão contemporânea e analítica sobre o racismo no Brasil, explicitando os mecanismos que o indivíduo negro utiliza para ascender socialmente e, mesmo assim, sofrer emocionalmente as dores do racismo e da negação da própria identidade.

Você consegue imaginar como é ser tido como suspeito em potencial de algo ilícito que ocorre no círculo social? Não atingir promoções e cargos de alta patente, mesmo com competência, por ser visto sempre como inferior? Não chegar à universidade – e, quando chegar, enfrentar inúmeras dificuldades? Ser sempre preterida na vida afetiva-amorosa, pensando na especificidade da solidão da mulher negra? São feridas frequentemente deslegitimadas, desvalidadas, silenciadas, violadas, censuradas no olhar, rejeitadas pela pele, que promovem ocultação de direitos. Assim, dia após dia, vive a população negra em diversas nuanças no Brasil.

A jornalista e escritora brasileira Esmeralda Ribeiro escreveu o poema: "Aboliram a escravidão, não a condição", o que me faz pensar sobre a recém e falaciosa "abolição da escravatura", que em 2020 completa 132 anos. Na reportagem especial do Nexo Jornal (Roncolato *et al.*, 2018) sobre os 130 anos da abolição no Brasil, é possível evidenciar que os 55,4% da população negra (pessoas que se identificaram como pretas ou pardas no ano de 2018) ainda se encontram em profundos níveis de desigualdade de oportunidades, de acesso à educação, saúde e segurança e de vitalidade física e emocional. Ainda é possível sentir as bolas de ferro prendendo essa população, impedindo-a de seguir com sua vida em oportunidades reais de igualdade. Os açoites simbólicos de um sistema de dominação racista e hegemônico mantêm a maioria da população brasileira em níveis alarmantes de desvalia. A ideia aqui não é dizer que apenas a população negra sofre no mundo, mas atentar para o sofrimento específico, histórico e coletivo causado pelo racismo na população negra do país.

Mas o que você, leitor, tem que ver com isso?

Falar de relações raciais, por vezes, é falar do racismo que "está lá" na sociedade, com a dificuldade de perceber quanto, em dadas instâncias, também é falar dos "privilégios" que estão "aqui" a facilitar a vida concreta e simbólica de uma minoria brasileira. Abordar as relações raciais é um verdadeiro desafio. Normalmente aceito quando se trata de abordar questões intimamente ligadas à população negra, no entanto, quando se trata de envolver as pessoas brancas e de refletir sobre seus "privilégios", corre-se o risco de ser tachado como um discurso alienado, que desconsidera questões macro, ao ponto de ser tido como um "racismo às avessas" (Brandão, 2006, p. 74).

Conforme Moore (2007, p. 282):

> Parece suficientemente óbvio que o racismo corresponde a uma forma específica de ódio; um ódio peculiar dirigido especificamente contra toda uma parte da humanidade, identificada a partir de seu fenótipo. É o fenótipo dos povos denominados negros que suscita o ódio: um ódio profundo, extenso, duradouro, cujas raízes se perdem na memória esquecida da humanidade e que remetem a insolúveis conflitos longínquos.

Em sua natureza primitiva, o ódio contempla a lista de sentimentos ditos humanos, tais como o amor, a inveja e a generosidade, entre outros. É um sentimento que envolve uma "resposta" direcionada ao externo, que por vezes se torna crônica por sua longa validade. No entanto, à medida que esse ódio se torna específico e centrado em uma parte da humanidade maciçamente identificada por seu fenótipo (termo genético que descreve características observáveis de um indivíduo e/ou grupo), ele deixa de ser puramente uma questão afetiva entre indivíduos para se tornar um sistema normativo da realidade social, ou seja, um ódio racista, ao passo que rege o destino da sociedade racializada (Moore, 2007).

Moore (2007) explica que o ódio racista implica benefícios, materiais e/ou simbólicos, para os segmentos e atores sociais de populações fenotípicas ("raças") que estejam integrados, abrigados e protegidos pelo sistema de dominação hegemônico. Desse modo, é importante frisar que, desde sua gênese, "o racismo surgiu e se desenvolveu em torno da luta pela posse e pela preservação monopolista dos recursos vitais da sociedade" (p. 283).

O mesmo autor explica que, na Antiguidade, os recursos eram o território e bens (terra, água, rios e montanhas, rebanhos, cidades etc.). Em um segundo momento, eles foram a própria força de trabalho alheio (escravos), a produção alheia (produtos agrícolas ou manufaturados) e as riquezas do ambiente e do subsolo alheios (minerais, sal, especiarias, madeiras etc.).

Nas sociedades atuais, os recursos vitais se caracterizam em grande escala em termos de acesso: à educação, aos serviços públicos, aos serviços sociais, ao poder político, ao capital de financiamento, às oportunidades de emprego, às estruturas de lazer e até ao direito equitativo pelos Tribunais de Justiça. O que para muitos, por seu fenótipo, é vedado para outros é dado livremente, também por seu fenótipo:

> A função básica do racismo é de blindar os privilégios do segmento hegemônico da sociedade, cuja dominância se expressa por meio de um *continuum* de características fenotípicas, ao tempo

> que fragiliza, fraciona e torna impotente o segmento subalternizado. (Moore, 2007, p. 284)

Em se tratando de privilégios simbólicos, a cartilha "Relações raciais: referências técnicas para atuação de psicólogas/os", produzida pelo Conselho Federal de Psicologia (2017, p. 15-16), ilustra alguns exemplos de privilégios simbólicos vivenciados pela pessoa branca, tais como: a segurança de que os filhos receberão matérias curriculares que testemunhem a existência da sua "raça"; a não necessidade de educar seus filhos para atentar quanto ao racismo sistêmico para sua própria proteção física diária; a presença de alguém de sua "raça" para lhe atender ao solicitar falar com a "pessoa responsável"; a certeza de que, necessitando de assistência jurídica ou médica, sua "raça" não o impedirá de ser assistido, entre outros.

Desse modo, discutir sobre o racismo que "está aqui" e não "lá" se faz necessário para que possamos contribuir com conhecimento, conscientização e reflexões que ajudem a eliminar qualquer preconceito e o próprio racismo. É óbvio que ele ocorre no mundo inteiro, em diferentes etnias, a partir de uma simples atitude preconceituosa que servirá de base para uma ação e atitudes mensuráveis. Porém, aqui, trataremos especificamente do que a população negra sofre com a discriminação racial no Brasil, possibilitando, assim, um novo significado para a ferida ainda não cicatrizada.

Relações raciais no Brasil: "o racismo à brasileira"

Independentemente de sua idade, etnia, classe social, formação, gostos e desgostos, com certeza você já deve ter ouvido falar, estudado, visto algum filme ou documentário sobre o antissemitismo liderado por Adolf Hitler, que, entre os anos de 1940 e 1945, dizimou, legitimou e justificou o genocídio de cerca de 7 milhões de judeus e 300 mil ciganos durante a Segunda Guerra Mundial (Munanga, 2010, p. 1).

O grande vencedor de melhor filme no Oscar em 2018 foi *Green book – O guia*, que conta a história de um pianista negro que, com a ajuda de seu motorista e protetor, um italiano, viajam pelo Sul dos Estados Unidos com o "livro verde", que demarcava os poucos lugares possíveis em que uma pessoa negra poderia estar presente. Essa história se passa no ano de 1962, momento em que o país ainda continha leis que tornavam a segregação racial institucionalizada em diversos estados. Martin Luther King é um dos nomes conhecidos pela luta por direitos civis e pela igualdade racial nesse período. Outro nome igualmente conhecido é Nelson Mandela, que passou 27 anos na prisão, na África do Sul, por enfrentar o Apartheid, regime de segregação racial muito semelhante ao que ocorreu nos Estados Unidos.

E no Brasil, qual é a memória presente sobre seu passado colonial e escravocrata?

Há alguns anos, passando de ônibus na região do Alto de Pinheiros (São Paulo, capital), avistei um restaurante que captou minha atenção e ganhou meu desprezo e indignação. Seu nome: Senzala. O que significa a palavra senzala?

> Os escravizados moravam em senzalas. Normalmente, eram grandes barracões divididos em pequenos compartimentos e que ficavam próximos à casa-grande. As senzalas eram lugares insalubres e continham, inclusive, instrumentos de tortura. À noite, eram trancadas pelos feitores. Não havia liberdade religiosa. Seus cultos eram reprimidos. (Fernandes, 2016, p. 55)

O que um lugar afetivamente direcionado ao prazer da gastronomia, movimentado por um público majoritariamente branco, proporcionando (re)encontros familiares e sociais pode querer simbolizar com um nome desses? Homenagem inglória e/ou ignorância sócio-histórica?

O mês de fevereiro de 2019 foi marcado por três eventos que também merecem destaque nesta discussão. No início do mês saíram notícias, fotos e imagens de uma festa de aniversário de 50 anos cujo tema foi o Brasil Colônia. A anfitriã, *socialite* e ex-diretora da Vogue Brasil, dispôs inclusive de uma cadeira de sinhá para seus convidados registrarem o momento ao lado de mulheres negras vestidas de mucamas.

Uma quinzena depois, Pedro Henrique Gonzaga, um jovem negro de 19 anos, foi assassinado por um segurança do supermercado Extra em região nobre do Rio de Janeiro. A alegação foi de tentativa de furto. O rapaz foi imobilizado com um golpe “mata-leão” e, mesmo com as pessoas apontando que ele estava apresentando sinais de ausência de vida, o segurança continuou a ação, que culminou em sua morte. A cada 23 minutos um jovem negro é assassinado no Brasil, segundo relatório final da CPI do Senado sobre Assassinato de Jovens (Brasil, 2016).

No final do referido mês, tivemos o caso do empresário Crispim Terral, homem negro de 34 anos que, como cliente do banco Caixa Econômica Federal, solicitou uma demanda pela qual aguardou por mais de quatro horas para, além de não ser atendido, ouvir do gerente: “Não negocio com esse tipo de gente”. Não bastante, Crispim ainda sofreu um golpe “mata-leão” da PM, que forçou sua saída da instituição. Tudo isso na frente de sua filha de 15 anos.

Relembrando o início do texto, não tivemos um regime segregacionista institucionalizado e regido por leis como o foram nos Estados Unidos e na África do Sul, mas isso significa que não temos racismo no Brasil? Nosso "holocausto" acabou com a abolição da escravatura? Ou aqui o cenário é menos danoso e violento do que foi nesses países? O que dizem esses exemplos?

Teorias racistas no Brasil: solo fértil para mentes inférteis

A herança do escravismo resultou e ainda resulta em desigualdades sociais e ausência de políticas direcionadas à população negra e indígena há longa data. No entanto, do ponto de vista científico (e não do fenômeno racismo em si), as teorias que sustentaram o que, posteriormente, ficou conhecido como "racismo científico" foram elaboradas no final do século 19 e início do século 20, período no qual a Europa se nutria com o saber do positivismo, do evolucionismo e do darwinismo social (Conselho Federal de Psicologia, doravante CFP, 2017).

Tanto na Europa quanto nos Estados Unidos, no período citado, o intento era comprovar de forma científica que os negros eram inferiores aos brancos. Uma das referências nessa época foi o filósofo francês, diplomata e escritor Arthur de Gobineau, que acreditava que as "raças" podiam ser classificadas por hierarquias, estando os arianos (brancos) no ponto mais alto e os negros no ponto mais baixo. Os mestiços, nessa hierarquia, não tinham sequer classificação. Para ele, mestiçagem significava o fim da civilização (Fernandes, 2016).

A sociedade escravista, ao transformar o africano em escravo, definiu o negro como "raça". O equivalente a enquadrar e demarcar um "lugar" para essa "raça", bem como definir padrões de interação com o branco, realizando, assim, a correspondência entre cor negra e posição inferior (Souza, 1983).

Acreditava-se que o corpo biológico determinava características mentais (intelectuais, morais e psíquicas) dos sujeitos. Tal movimento se estruturava em duas linhas de pensamento europeu de cunho racista: a monogenista, que acreditava que havia grupos humanos que evoluíram mais do que outros; e a poligenista, em que a espécie humana se dividia em subespécies biologicamente diferentes, havendo, portanto, aquelas exclusivamente superiores e outras inferiores (Schwarcz *apud* CFP, 2017).

Com estudos contemporâneos, há evidências científicas, e do ponto de vista genético, de que não há diferenças entre negros, brancos, indígenas, pardos... Ou seja, do ponto de vista biológico não há "raça" – por isso, inclusive, a palavra está sendo utilizada neste trabalho entre aspas (CFP, 2017). Ainda assim, no imaginário social, essa imagem persiste explícita ou implicitamente: a de que negros são considerados biologicamente inferiores.

No cenário brasileiro, Sílvio Romero foi um dos intelectuais mais destacados do pensamento monogenista; ele considerava que a purificação racial do país se daria por meio da miscigenação. Assim, ele acreditava que das três "raças" predominantes (negra, branca e indígena) poderia nascer um povo tipicamente brasileiro, em que a predominância biológica e cultural seria branca, e, em algumas gerações, os "rastros" das pessoas negras e indígenas desapareceriam (o que, por si só, já caracteriza uma forma de racismo). Raimundo Nina Rodrigues não era a favor da miscigenação, pois considerava que a inferioridade do sujeito negro, ainda que mestiço, causaria uma mistura degenerada. Nina Rodrigues e alguns seguidores, como Afrânio Peixoto e Arthur Ramos, foram os principais pensadores do ideário eugenista e higienista aplicado no fim do século 19 e início do século 20 (CFP, 2017).

Com isso, a influência das teorias e dos pensadores norte-americanos e europeus ganhou expressividade nos questionamentos dos intelectuais brasileiros entre o fim do século 19 e meados do século 20, contemplando o período de pós-abolição. Enquanto pessoas como Silvio Romero acreditavam que um processo de branqueamento da população por meio da mestiçagem favoreceria a genética das pessoas brancas, outras, como Nina Rodrigues, acreditavam que o mesmo processo poderia enegrecer (e degenerar) a população em algumas gerações.

Mestiçagem: "dividir para melhor controlar"

Cresci ouvindo que eu deveria me casar com um homem branco para "clarear" e melhorar a família. Ouvia isso de tias e primas. Havia a ideia fixa de que relações com homens negros eram envoltas em conflitos variáveis, dos quais as mulheres da minha família desejavam que eu fosse "poupada". Na clínica psicológica, não raro, ouço o mesmo relato de mulheres negras. Tal exemplo denota o processo de mestiçagem e também do ideal de embranquecimento imposto física e subjetivamente às pessoas negras e a suas relações.

De acordo com Munanga (2004), a mestiçagem não pode ser compreendida apenas como um fenômeno biológico, isto é, um fluxo de genes entre populações originalmente diferentes. Suas intenções primárias eram atravessadas pela ideia que se tinha de tais indivíduos, ou seja, de pessoas inferiores. Nos Estados Unidos, por exemplo, os censos demográficos contabilizam apenas negros e brancos (a partir da consideração de grupos raciais como ameríndio, asiático, branco e negro). Já na América Latina, há diversas situações de mestiçagem que dão margem a diversas formas de discriminação. Ainda sobre os Estados Unidos, existe um importante componente genético de origem europeia: há muitas pessoas negras que têm mais ancestrais europeus do que africanos. No entanto, lá se utiliza a regra da hipodescendência, que adota a filiação pelo grupo inferiorizado e não pelo superiorizado. Basta ser um pouco negro para sê-lo totalmente, mas, para ser branco, é preciso sê-lo totalmente. Tal linha de pensamento não segue um determinismo biológico, mas sim sociopolítico.

Em uma breve linha histórica, que antecedeu o pensamento dos intelectuais brasileiros, em 1766 Buffon acreditava que a mestiçagem era o meio mais rápido de reconduzir a espécie a seus traços originais e reintegrar a natureza do homem. Para isso, bastariam cruzamentos sucessivos com o branco por quatro gerações, pois, dessa forma, o mulato perderia seus traços degenerados de negro. Nesse movimento, a mestiçagem tinha como objetivo apagar a marca indelével da cor (Munanga, 2004).

No final do século 19 e início do século 20, Gobineau também disseminava seu pensamento de que uma primeira mistura era indispensável, um segundo cruzamento poderia ser nocivo, mas um terceiro cruzamento se daria rumo à civilização. Acreditava que esta nasceria de uma boa dose de mistura entre as "raças", mas seu excesso levaria à destruição. Nessa mesma nuança, Hitler, em 1933, divulgou maciçamente na Alemanha e na França sua ideologia a respeito da hierarquia das "raças" humanas, bem como sua condenação em relação a qualquer tipo de mestiçagem.

A elite e os intelectuais brasileiros se alimentaram desses e de outros referenciais teóricos sobre a mestiçagem: o que ora era tido como forma de estragar e degradar a boa "raça" ora era tido como meio de reconduzir a espécie a seus traços originais (Munanga, 2004).

Outro dado relevante é que o fim do período escravista, em 1888, assolou a elite dominante com as seguintes questões: como será a nova população brasileira? Qual será a identidade dessa "nova" nação? Seria marcada por numerosos ex-escravizados com toda sorte de pluralidade adquirida no processo colonial? O medo ganhou força, os negros eram a maioria no país, o temor de uma revolta pairava. Intelectuais e pensadores da primeira República se puseram a pensar na melhor forma de definir o brasileiro como povo e o Brasil como nação (Munanga, 2004).

Para Nogueira (2007), outra diferença substancial que aparece entre o Brasil e os Estados Unidos é a forma como se dá o preconceito. Segundo o autor, nos Estados Unidos, a modalidade que aparece é designada como preconceito de origem, ou seja, quando o indivíduo é alvo de atitudes preconceituosas por descender de determinado grupo étnico. No Brasil, é perceptível um preconceito de "marca" (uma reformulação da expressão "preconceito de cor") quando a disposição e/ou atitude desfavorável se concentra em relação à aparência do outro, aos seus traços físicos, fisionomia, gestos e sotaques.

As discordâncias e ambivalências eram variáveis em torno do tema mestiçagem, pois, diferentemente dos Estados Unidos, que tinham apenas uma linha de cor que separava negros e brancos, no Brasil essa linha era (e é) permeável, variável. À medida que os mestiços com traços negroides mais "finos" possuíssem atributos que os conferissem a *status* médio ou elevado (diploma superior, riqueza etc.), estes poderiam ser incorporados ao grupo branco (Munanga, 2004).

No Brasil, o cruzamento de negros e brancos geraria descendentes do grupo branco, o que, somado ao *status* socioeconômico, levaria ao branqueamento. Dito de outra forma, era (é) como "efetuar a passagem", aumentar a parte branca no mestiço, escapando da memória coletiva, bem como ocultando a seus próprios olhos uma parte de sua ascendência negra (Munanga, 2004) e, com ela, a própria identidade.

Branqueamento: "negros de alma branca"

Para compreender melhor o processo de mestiçagem no Brasil, é importante retomar alguns pontos referentes às últimas décadas do escravismo, em que houve uma tentativa de diminuir o número de negros no país e torná-los mais brancos. Com isso, foram instituídas políticas imigratórias que incentivavam a vinda sobretudo de alemães e italianos, cuja intensidade foi maior entre 1880 e 1920. Por meio da Lei n. 601, regulamentada em 1850, os imigrantes tinham acesso à concessão de terras públicas e facilidade de expedição de títulos de propriedade para estrangeiros. Chegando ao país com terras garantidas, os imigrantes também eram os primeiros a assumir postos de trabalho mais valorizados na indústria fabril ainda incipiente e na agricultura cafeeira. Por outro lado, os negros libertos entraram em uma competição desleal e desigual com a mão de obra imigrante e branca (CFP, 2017).

Diferentemente dos imigrantes, os negros não tiveram no pós-abolição nenhuma política reparadora, sendo "incluídos" no processo produtivo em cargos decadentes que, por vezes, colocavam em risco sua vida. Florestan Fernandes (*apud* CFP, 2017, p. 41) chega a refletir de forma inicial que, no período do pós-abolição, o fato de as pessoas negras terem assumido postos tidos como marginais, como roubar e se prostituir, pode inclusive ser interpretado como um ato de sobrevivência, bem como de busca de êxito na não aceitação de ser novamente subjugado pela elite dominante (CFP, 2017).

Em suma:

> O branqueamento poderia ser entendido, num primeiro nível, como o resultado da intensa miscigenação ocorrida entre negros e brancos desde o período colonial, responsável pelo aumento numérico proporcionalmente superior dos mestiços [...]. O branqueamento, todavia, não poderia deixar de ser entendido também como uma pressão cultural exercida pela hegemonia branca, sobretudo após a abolição da escravatura, para que o negro negasse a si mesmo, no seu corpo e na sua mente, como uma espécie de condição para se "integrar" (ser aceito e ter mobilidade social) na nova ordem social. (Carone *apud* CFP, 2017)

A intenção era embranquecer a população não apenas biologicamente, mas também no corpo e na alma dos sujeitos negros, embranquecer sua identidade. Implicitamente, e por meio da aculturação, a codificação era de que as pessoas negras desejassem ser as pessoas brancas, mas, como nunca seriam biologicamente, os brancos continuariam sendo sempre os superiores (Munanga, 2004).

Nesse sentido, Souza (1983, p. 22) explica: "O tripé formado pelo contínuo de cor, ideologia do embranquecimento e democracia racial – sustentáculo da estrutura das relações raciais no Brasil – produziu as condições de possibilidade de ascensão do negro".

Entretanto, a autora (idem) também ressalta: "Por outro lado, as inúmeras barreiras à conquista da ascensão social encontradas pelo negro contribuíram para ampliar o fosso que o separava de sua identidade enquanto indivíduo e enquanto grupo".

Em se tratando de identidade, essa construção não se dá no vazio e nunca é um produto acabado. É construída de forma processual e contínua, partindo de elementos constitutivos, tais como território, religião, língua, cultura, entre outros. A respeito da identidade dos indivíduos negros, um elemento em comum os une: o passado histórico, no qual são herdeiros de africanos escravizados. A violência da escravização naquela época já não é exatamente a mesma de hoje. Atualmente, os formatos são mais sutis, por vezes frontais, relembrando os daquela época, mas ainda assim, e de ambas as formas, mantêm esse grupo como estigmatizado e excluído.

Apesar de o branqueamento físico ter sido fadado ao fracasso, seu ideal sutil permaneceu e permanece até os dias atuais no imaginário coletivo dos brasileiros, numa busca desenfreada da população negra por ter e manter padrões da identidade branca, ao custo de negar sua identidade baseada na negritude e mestiçagem. A ausência de um discurso próprio a respeito do que se sabe sobre sua história e suas dores ancestrais faz que muitos indivíduos negros se afastem de si, de sua corporeidade, de seus traços únicos, de sua singularidade. Não ter um discurso sobre si faz que seja facilmente aceito o discurso que a elite dominante mostra nas mídias, com a ausência de políticas públicas, a falta de direitos e acessos, apresentando como um problema estritamente individual, como se fosse falta de esforço do sujeito negro. No entanto, há todo um pano de fundo contra a construção positiva de uma identidade baseada na negritude que seja repleta de autoestima e amor-próprio. Ter consciência desse fundo é importante para compreender como os fatos atuais atravessam a subjetividade de cada indivíduo negro.

Mito da democracia racial: racistas são os outros!

> Mas o maior problema da maioria entre nós parece estar em nosso presente, em nosso cotidiano de brasileiras e brasileiros, pois temos ainda bastante dificuldade para entender e decodificar as manifestações do nosso racismo à brasileira, por causa de suas peculiaridades que o diferenciam das outras formas de manifestações de racismo acima referidas. Além disso, ecoa dentro de muitos brasileiros uma voz muito forte que grita: "não somos racistas, os racistas são os outros, americanos e sul-africanos brancos". Essa voz forte e poderosa é o que costumamos chamar de "mito de democracia racial brasileira", que funciona como uma crença, uma verdadeira realidade, uma ordem. Assim fica muito difícil arrancar do brasileiro a confissão de que ele é racista. (Munanga, 2010, p. 1)

O sociólogo Gilberto Freyre e sua obra *Casa-Grande & senzala* ganharam destaque a partir de 1930, período de pleno desenvolvimento da ideologia do embranquecimento e da inferioridade biológica, e, em função da miscigenação do povo negro, da democracia racial. Freyre ficou conhecido como o escritor que incitou a discussão da temática racial de forma abafada.

Isso porque não falava explicitamente sobre as relações raciais, embora abordasse temas sobre democracia social e étnico-cultural. Falava-se de cultura, mas o que estava em pauta era a noção de "raça" biológica, ou seja, a miscigenação, fosse cultural ou biológica, estava vinculada à noção da mistura entre os corpos brancos, negros e indígenas. Posteriormente, o também sociólogo Florestan Fernandes, a partir das ideias postas por Freyre sobre democracia social e cultural, chamou de "mito da democracia racial" o que estava sendo implicitamente tratado por Freyre (CFP, 2017).

A ideia do mito da democracia racial é fazer parecer que haja uma suposta convivência harmoniosa entre brancos e negros no Brasil, com iguais oportunidades para ambos. Há uma ideia de que a miscigenação teria ocorrido como uma herança portuguesa num amplo processo de tolerância racial a partir de um modelo escravocrata mais brando, o que oculta a real e concreta violência do processo de escravização no Brasil.

Contudo, "essas representações ideológicas estão a serviço da manutenção de uma lógica social excludente que impossibilita o tratamento adequado de problemas sociais oriundos das relações raciais no Brasil" (Munanga *apud* CFP, 2017, p. 43-44).

Outro formato do mito da democracia racial é sua aparição como uma imposição política de não se falar de racismo. Como se a tentativa fosse de importar um problema que, no Brasil, não existe (CPF, 2017).

Anteriormente, fiz menção a fatos reais e concretos: de um restaurante chamado Senzala ao assassinato de um jovem negro em um supermercado. Tais situações se fundem e emergem na fatídica noção de que o Brasil não é um país harmonioso no que tange às relações raciais.

Como o legado e a história afro-brasileira são legitimados, respeitados, lembrados e integrados na vivência de nosso cotidiano? Como o ideal de branqueamento e a mestiçagem podem ter contribuído para que homens negros sejam alvos de estigma e estereótipo, servindo-lhes de violência física, racial e, quando não, de homicídio? Esses não são os únicos fatos que, corriqueiramente, atingem a população negra. O racismo e sua especificidade no Brasil são dinâmicos, complexos e se atualizam a cada dia, como veremos a seguir.

SOFRIMENTO PSÍQUICO DA POPULAÇÃO NEGRA

Neusa Souza quis construir um discurso próprio do negro sobre os negros. Assim, a autora verificou que a ascensão social para o sujeito negro tinha como custo ter suas emoções sujeitas e subordinadas a um conjunto de dados históricos que o definiam econômica, política e socialmente como inferior e submisso. Além de não ter uma visão positiva acerca de si próprio, ele se viu obrigado a tomar o branco como modelo de identidade, ao passo que traçava formas de ascender socialmente (migrar de uma classe social a outra, tida como superior) para ser visto como “gente”. Esse processo causava um verdadeiro massacre à sua identidade histórico-existencial.

Souza (1983) também ressaltou em sua obra que a condição que possibilitou a ascensão social do negro foi justamente o tripé formado pelo contínuo de cor, ideologia do embranquecimento e mito da democracia racial, os quais sustentam a estrutura das relações raciais no Brasil, questões essas que foram suscintamente abordadas anteriormente.

Ainda sobre a ascensão social, mesmo após o período escravocrata ser substituído por uma sociedade capitalista, baseada em competitividade, o olhar inferiorizante para o sujeito negro persistiu. Ele era visto como liberto e cabia-lhe um papel de disciplinado, dócil e útil, ao passo que ao branco era reservado o papel de autoridade, por vezes, numa nuança paternalista, característica do período senhorial (Souza, 1983).

Esse "lugar" de inferioridade atravessava a subjetividade e a experiência vivencial dos sujeitos negros, inclusive na forma de se inserirem na sociedade. Naquela época – e hoje –, o cidadão era o branco, os serviços respeitáveis eram os "serviços de branco", ser bem tratado era ser tratado como branco, logo ascender socialmente para um negro era como um projeto cuja realização lhe traria o *status* de "gente", "o que equivale dizer: foi com a principal determinação de assemelhar-se ao branco – ainda que tendo de deixar de ser negro – que o negro buscou, via ascensão social, tornar-se gente" (Souza, 1983, p. 21).

Pensando no empobrecimento emocional que esses sujeitos vivenciaram – e ainda vivenciam –, para bell hooks (2010), em uma sociedade onde prevalecem os valores brancos, os negros atravessam sua existência com histórias permeadas de questões políticas que explicam a internalização do racismo, bem como lançam luz em um importante sentimento de inferioridade vivenciado por eles. De forma mais severa, todo esse sistema de dominação se faz extremamente eficaz quando consegue alterar a capacidade de amar do sujeito negro. E completa:

> Nós, negros, temos sido profundamente feridos, como a gente diz, "feridos até o coração", e essa ferida emocional que carregamos afeta nossa capacidade de sentir e, consequentemente, de amar.

> Somos um povo ferido. Feridos naquele lugar que poderia conhecer o amor, que estaria amando. (hooks, 2010, p. 1)

A escravidão condicionou as pessoas negras a reprimir seus sentimentos, haja vista o cotidiano que vivenciaram de abusos diários, de trabalhos forçados, de fome, de punições cruéis, entre outros fatos inomináveis. Isso fez que fossem solidários com os seus somente em situações de extrema necessidade, pois tinham boas razões para acreditar que, mostrando os sentimentos, seriam severamente punidos. Somente em lugares de resistência negra, cultivados com muito cuidado, se sentiam seguros para falar dos sentimentos (hooks, 2010).

Desse modo, reprimir sentimentos se tornou uma verdadeira estratégia de sobrevivência para essa população. Haja vista que o racismo e a supremacia dos brancos não foram eliminados com a abolição da escravatura, os negros mantiveram certas barreiras emocionais. De certa forma, as pessoas passaram a acreditar que esse traço era uma característica de sua personalidade (hooks, 2010).

Para Souza (1983), mito é uma fala, um discurso verbal ou visual, uma forma (variável) de comunicação que visa furtar o real, produzir o ilusório, negar a história e transformá-lo em "natureza". O mito se tornou um instrumento potente para uso de ideologias, cujo efeito social resulta na convergência de diferentes aspectos, tais como econômico, político, ideológico e psíquico. Na perspectiva da psicanalista, o conteúdo psíquico é configurado pela predominância do processo primário, o princípio do prazer à ordem do imaginário.

Desse modo, a autora define o "mito negro" como um conjunto de variáveis que produzem a singularidade do problema negro, ou seja, impõe-se como um desafio a todo negro que, na ascensão social, recusa o destino da submissão para, então, se apoderar de um conhecimento acerca de si, apropriar-se dele, desvendar o necessário, "destruir" seu inimigo e seguir, livre, em frente.

A seguir, alguns trechos das entrevistas realizadas por Neusa Souza que explicitam o sofrimento específico dos sujeitos negros que tentam ascender socialmente para ocupar o "lugar" de "gente" na sociedade:

> Pedro: "Minha mãe dizia: 'Você é negro'. Dizia isto me sacudindo... pra mostrar que eu não era da mesma origem dela". (Souza, 1983, p. 26)
>
> Sônia: "Estou cansada de me impor. O negro não pode entrar num restaurante, por exemplo, naturalmente. Tem que entrar se impondo". (*Ibidem*, p. 26)
>
> Luísa: "Minha avó era bem negra: nariz grosso, beiços grossos, voz grossa. Não gostava de negro. Ela dizia: 'Se você vir confusão, saiba que é o negro que está fazendo; se vir um negro correr, é ladrão. Você tem que casar com um branco pra limpar o útero'". (*Ibidem*, p. 36)
>
> Correia: "Eu nunca 'tou' contente com o que tenho. Eu sempre quero alguma coisa a mais. Estou sempre a buscar alguma coisa". (*Ibidem*, p. 38)
>
> Luísa: "Eu tinha que ser a melhor. Eu me exigia muito – mais até que meus irmãos – mas todos sentimos a pressão de fora...". (*Ibidem*, p. 39)
>
> Carmem: "O C era branco, família branca e morava em Ipanema. Senti aí todos os complexos [...] me sentia rejeitada nos lugares, não conseguia dar uma palavra [...] eu fui ficando cada vez mais

> fechada, me sentia ameaçada por todos em relação a C... tinha medo de tudo". (*Ibidem*, p. 41)
> Alberto: "Eu capitalizava as reações negativas que me levavam à humilhação e recolhimento. Reagia com pânico quando os meninos (colegas brancos) me chamavam de 'negrinho', 'preto fudido'. [...] Me tornei muito retraído, condescendente. Aquela docilidade de escravo! Engolia sapo..." (*Ibidem*, p. 42)
> E, para finalizar, Sales: "Eu sinto o problema racial como uma ferida. É uma coisa que penso e sinto todo o tempo. É um negócio que não cicatriza nunca". (*Ibidem*, p. 42)

A construção de formas para desconstruir o mito negro cabe a negros e não negros, pois as imagens internalizadas de inferioridade, dado todo o contexto histórico-social-político, estão no imaginário coletivo de ambos (Souza, 1983).

Em suma, Souza (1983, p. 77) conclui que "ser negro não é uma condição dada, *a priori*. É um vir a ser. Ser negro é tornar-se negro". Para a autora, é preciso que o sujeito negro tome consciência do processo ideológico que invade sua subjetividade, sua história existencial, seu passado, presente e futuro que, em tempos de outrora, e mesmo hoje, ainda mantêm e prendem muitas pessoas nesse discurso mítico acerca de si, aprisionando-os em imagens alienadas sobre sua identidade. Entrar em contato com essa consciência é possibilitar a criação de uma nova consciência que assegure o respeito às diferenças e reafirme a dignidade. Criar um rosto próprio, uma identidade negra, requer, também, que essa população entre em contato com os discursos de suas figuras primeiras, ou seja, pais e/ou cuidadores, os quais lhes ensinaram sobre ser uma caricatura do branco. É a possibilidade de construção de uma nova identidade que lhes permitirá criar as próprias feições a partir de seus interesses, seja no âmbito individual e coletivo, social ou psicológico (Souza, 1983).

GESTALT-TERAPIA: PERTENCER E ENRAIZAR

Fritz Perls, um dos precursores da Gestalt-terapia, por ser judeu, sofreu a experiência avassaladora do nazismo. Em diversas passagens seus sentimentos sobre o sofrimento do desenraizamento, das rupturas e do exílio eram expressos. Tendo, também, conhecido o fundamentalismo e o achatamento da singularidade humana, seu sofrer era pessoal, comunitário e transgeracional. Seu anseio era por sensações que lhe trouxessem pertencimento e enraizamento (Frazão e Fukumitsu, 2014).

Perls foi um peregrino em busca de sua "terra prometida". Ao longo de sua vida, esteve em busca de um lugar humano, capaz de produzir gente *real*. Seu sofrimento pessoal lhe conferiu uma sensibilidade ímpar, reverberando, inclusive, na criação da Gestalt-terapia. Para ele, há uma necessidade ética de enraizamento na comunidade humana, o que se faz possível quando há o acolhimento do singular e do criativo (Frazão e Fukumitsu, 2014).

Para Beatriz Cardella (*apud* Frazão e Fukumitsu, 2014, p. 107), "enraizar é, paradoxalmente, deslocar, desarrumar, desconstruir o mundo do jeito que se organiza, recriar o tradicional, é ser acolhido nessa desarrumação, atualizando o mundo a partir de sua singularidade, recriando-o".

No mundo contemporâneo, ainda, extrapolam as situações e atitudes desumanizantes. As relações estão vazias e carentes de humanidade. Nesse sentido, o papel do psicoterapeuta é fundamental para, por meio da relação terapêutica e da vivência do sofrimento, criar – paciente e terapeuta – a possibilidade de a pessoa se conectar, se religar, resgatar a si mesma e aos demais. De outro modo, o terapeuta auxilia seu paciente a tornar seu sofrimento passagem, travessia, "um saber para a vida e um norte para a existência" (Cardella, 2006, p. 3).

A seguir, alguns conceitos da Gestalt-terapia serão revisitados para nos auxiliar a pensar em como tornar essa passagem uma possibilidade real.

Teoria paradoxal da mudança

Conforme Beisser (*apud* Fagan e Shepard, 1980, p. 110), a teoria paradoxal da mudança é basicamente assim definida: "Em poucas palavras, consiste nisto: a mudança ocorre quando uma pessoa se torna o que é, não quando tenta converter-se no que não é". Para esse autor, a mudança não se dá de modo coercitivo, mas quando há um interesse de tempo e esforço em ser o que é. Em suma, o paciente, ao procurar um terapeuta, encontra-se em conflito entre o que "pensa ser" e o que "deveria ser", não se apropriando nem de uma instância nem de outra. O papel do Gestalt-terapeuta será sempre o de facilitar com encorajamento e, às vezes, até com insistência que o paciente apenas *seja* onde e o que é, possibilitando assim a mudança.

O mesmo autor destaca que o modelo de mudança proposto ao indivíduo se aplica também a sistemas sociais, de modo que a mudança realizada se amplie nos próprios sistemas sociais, objetivando a integração e o holismo. Para tanto, requer-se a conscientização de fragmentos alienados (internos ou externos), havendo, então, uma integração destes nas atividades funcionais. O passo a passo seria: ser conscientizado no próprio sistema de que há conteúdos alienados; aceitar tais conteúdos como necessidades funcionais a ser modificadas; explicitar e também mobilizar energia para que haja comunicação com outros subsistemas, o que tornará todo o sistema integrado.

Yontef (*apud* D'Acri, Lima e Orgler, 2012) explica que a mudança está relacionada com o desenvolvimento do autossuporte; assim, tê-lo é sinônimo de reconhecer-se e aceitar-se como se é.

Suporte

Houaiss (*apud* Andrade, 2014, p. 147) descreve a palavra suporte como "qualquer coisa cuja finalidade é sustentar (algo); aquilo *que dá suporte, que auxilia ou reforça*". Dessa forma, suporte é caracterizado pelo conjunto de recursos desenvolvidos por uma pessoa ao longo de toda a sua existência, seja a serviço de si ou com os outros. Os aspectos relacionados com o suporte vão de sensações e percepções fisiológicas a hábitos e experiências de vida. Há dois tipos de suporte: autossuporte e o heterossuporte.

O autossuporte é mencionado por Perls desde seus escritos dos anos 1960 e relacionado ao potencial da pessoa, à independência pessoal e ao processo de amadurecimento, contrapondo-o ao funcionamento neurótico. Em *Isto é Gestalt*, Perls também correlaciona o autossuporte ao desenvolvimento da maturidade, sendo uma transição do apoio ambiental (heterossuporte) para o autossuporte (D'Acri, Lima e Orgler, 2012).

Frazão e Fukumitsu (2014) lembram que assumir sua vida de modo autêntico, "caminhando com as próprias pernas", é algo difícil, que demanda da pessoa um conhecimento de si própria, bem como da crença em seu potencial e de apoderar-se do que é seu.

D'Acri, Lima e Orgler (2012) ressaltam que o autossuporte é uma das premissas essenciais da terapia gestáltica. Portanto, uma das necessidades iniciais é compreender e descobrir de que o paciente necessita. A terapia seguirá no caminho de auxiliá-lo a identificar e atualizar meios que lhe permitam a resolução de seus problemas atuais e de qualquer outro, o que já facilitará na obtenção/manutenção de sua autoestima.

Perls (*apud* Frazão e Fukumitsu, 2014) descreve que há duas escolhas: crescer ou manipular. A primeira refere-se a superar as frustações e assumir quem se é: alguém que pensa, sente e age. No misto de sentimentos desvelados, na interação consigo e com o outro, a pessoa tem a chance de integrar partes antes alienadas para formar uma nova configuração que conferirá um novo sentido. No entanto, o segundo caminho, o da manipulação, se constitui pelo receio de encarar a vida e as pessoas como de fato são. Pessoas de perfil manipulador criam dependência na medida em que transferem decisões de sua vida a outros. Importante destacar que o terapeuta não deve promover dependência do cliente em relação a seu papel, mas estimulá-lo a descobrir suas potencialidades e sua responsabilização.

As mesmas autoras frisam que o Gestalt-terapeuta será aquele que auxiliará o cliente na busca do crescimento, na medida em que consegue separar o que é seu e o que é do ambiente, ou seja, o que é heterossuporte.

Autoconhecimento e autossuporte caminham juntos com a autoaceitação, ou seja, é preciso conhecer as próprias experiências, vivências, potencialidades e incapacidades, bem como ser responsável por suas ações. Sair do heterossuporte para o autossuporte envolve riscos de sair da zona de conforto. O heterossuporte, nesse momento, poderá dar o suporte necessário ao cliente para que se fortaleça e se reconheça capaz de atravessar tal processo (Frazão e Fukumitsu, 2014).

Awareness e contato

Ginger e Ginger (*apud* D'Acri, Lima e Orgler, 2012) definem *awareness* como "tomada de consciência global no momento presente, atenção ao conjunto de percepção pessoal, corporal e emocional, interior e ambiental, consciência de si e consciência perceptiva". A tomada de consciência é como "dar-se conta" e só ocorre quando há o contato com o *como* eu me experimento no aqui e agora.

Perls, Hefferline e Goodman (*apud* D'Acri, Lima e Orgler, 2012, p. 59) referem que "contato é *awareness* da novidade assimilável e comportamento com relação a esta; e rejeição da novidade inassimilável"; logo, o contato é algo novo para o organismo, dinâmico, ativo e implica a escolha do que deve ser assimilado, o que proporciona crescimento.

O contato sempre ocorre na fronteira de contato, a qual "une e separa tornando-se mais ou menos permeável, e, dessa forma, favorece, dificulta ou impede o contato". É a diferenciação entre o EU e o NÃO EU. Se o contato será ou não bom, é na fronteira de contato que o indivíduo poderá decidir. Quando não existe essa diferenciação entre o eu e o não eu, há o perigo de que o indivíduo entre em confluência com aquilo que é não eu (D'Acri, Lima e Orgler, 2012).

A "confluência se caracteriza pela não existência ou não consciência de fronteiras" (Perls *apud* D'Acri, Lima e Orgler, 2012, p. 52), sendo experienciada pelo indivíduo como um vazio estéril (como nada), diferentemente do vazio fértil, que possui algo emergindo. De modo que "todo contato é ajustamento criativo do organismo e ambiente", é também resposta e instrumento de crescimento no campo.

Ajustamento criativo

O ajustamento criativo foi visto por Perls como o modo de descrever a natureza do contato que o indivíduo mantém na fronteira do campo organismo/ambiente a fim de alcançar a autorregulação, independentemente das condições vivenciadas. O que cabe à esfera do "criativo" são os contatos intencionais que o indivíduo manterá em seu ambiente (D'Acri, Lima e Orgler, 2012).

A esfera da criatividade pode ser compreendida como a habilidade do indivíduo de identificar e se orientar tal como as circunstâncias em que a situação se apresenta, mas com uma ação transformadora. Esse processo de transformação é contínuo, pois todo contato é sempre novo. A autorregulação necessita de *awareness* do contexto, bem como da identificação de estratégias adaptativas (D'Acri, Lima e Orgler, 2012).

Para D'Acri, Lima e Orgler (2012), o ajustamento também pode ter um lado não saudável quando, na fronteira de contato, se cristalizar e assumir formas crônicas de reação em determinada situação vivenciada. Isso pode ocorrer quando o ciclo de autorregulação fica interrompido, de modo que o indivíduo não se apropria da satisfação de suas necessidades, bem como não se vê capaz de se adaptar ao novo.

Contudo, ajustamento sem criatividade é adaptação excessiva, acomodação, resignação, conformismo, cristalização e estereotipia. E a criatividade sem ajustamento se revela anarquismo desprovido de funcionalidade, portanto estéril (Frazão e Fukumitsu, 2013).

D'Acri, Lima e Orgler (2012) verificaram que, diferentemente da autorregulação herdada e conservativa, no ajustamento o indivíduo tem papel ativo e fundamental no campo/organismo e meio. Implica a necessidade do contato *aware*, ou seja, consciente da situação, bem como das suas necessidades, mas também de seus recursos disponíveis a ser assimilados e transformados, ou mesmo daqueles que devem ser rejeitados como nocivos ao crescimento do organismo. Desse modo, o fato de estar *aware* na fronteira entre organismo e ambiente se faz imprescindível para que haja o processo de ajustamento criativo.

Frazão e Fukumitsu (2013) apontam que, diante de uma situação inóspita, é necessário realizar um profundo ajustamento, o que só é possível com fé nos recursos, ou seja, com postura, disponibilidade de encontrar estratégias, e, se preciso for, criá-los, compartilhá-los e renová-los, responsabilizando-se pelas próprias escolhas. A fé nos recursos também requer esperança no amanhã (o vir a ser), de modo que o que se faz no hoje é transformação contínua, superação, abertura e criação permanente. Desse modo, a fé nos recursos é a confiança na capacidade criativa do ser humano. É, ainda, "uma criatividade que ajusta e um ajustamento que cria, polaridades que se inter-relacionam e compõem a totalidade". A criatividade e o ajustamento são polaridades que não existem separadamente.

Relação dialógica: atitude terapêutica na Gestalt-terapia

Hycner (1995) define alteridade como o reconhecimento da singularidade e a nítida separação do outro em relação a nós, sem que ambos percam sua humanidade comum subjacente. Compreende-se, assim, que cada pessoa é um fim em si mesma, e não um meio para atingir determinado objetivo. O autor menciona o mesmo para enfatizar a relação Eu-Tu, descrita por Buber (2001), a qual está baseada em uma atitude de genuíno interesse na pessoa com a qual estamos interagindo, com abertura e disponibilidade para um diálogo que seja mútuo; é a transcendência da nossa individualidade.

Segundo Cardella (2006), as histórias que chegam à clínica contemporânea estão permeadas de privações de relações humanas significativas, bem como do sentimento de não existência, o que nos revela o fatídico cotidiano de ausência de alteridade.

Buber (2001) enfatiza que é impossível vivenciar a relação Eu-Tu para sempre; seria como estar apaixonado ininterruptamente. Por isso, a relação Eu-Isso, que ocorre quando o outro é visto como um objeto ou uma relação utilitária, também é importante para as rotinas diárias de cada indivíduo (como pagar contas, ir ao supermercado etc.). O risco, porém, conforme Hycner (1995), é os indivíduos não perceberem quão limitadora pode ser a relação Eu-Isso se aplicada indiscriminadamente a qualquer situação e pessoa, privando a si e ao outro de um encontro genuíno.

Cardella (2006) pontua a importante contribuição de nós, terapeutas, como anfitriões que apresentarão ao paciente a possibilidade de ele habitar um lugar no mundo e nas relações humanas a partir de sua singularidade. É fazer-se morada para esse peregrino, possível por meio da disposição generosa ao diálogo, da relação e da confirmação de que a expressão realizada por aquela pessoa é única. Não menos importante é valorizar o encontro com esse outro, estando aberto a descobrir e redescobrir-se, bem como de observar pontos cegos e estranhos do cotidiano.

Além da empatia e da aceitação da própria vulnerabilidade humana, há também a importância ímpar da amorosidade nesse processo. Esta possibilita que o paciente, à medida que esteja *aware* de seu sofrimento pessoal, dissolva padrões alienados que o mantinham aprisionado, bem como lhe devolve (ou inaugura) a possibilidade de escolha, de posicionar-se diante das situações desafiadoras de sua vida. "O que cura o humano desumanizado é o humano reconciliado com a própria humanidade em seu percurso de vida, que é mistério e transformação" (Cardella, 2006, p. 115).

ANÁLISE E DISCUSSÃO

Clínica gestáltica das relações raciais

Como mulher, negra e psicóloga, há mais de um ano tenho tido a experiência de ser frequentemente procurada por pessoas negras que querem ser atendidas por uma profissional também negra. Em suma, elas têm a suposta identificação de que a psicóloga, sendo negra, poderá lhes compreender melhor, haja vista terem a mesma herança e ancestralidade. Digo "suposta" pois não necessariamente ser negro é sinônimo de mesma consciência (vide tudo o que estudamos até agora).

Em muitos relatos, houve a experiência desses clientes de, ao estarem com psicólogos brancos, não terem suas dores em relação ao racismo acolhidas – ao contrário, muitas vezes estas foram compreendidas como "exagero", uma vez que "no Brasil não existe racismo". A falta de contato de muitos profissionais com a temática das relações raciais empobrece, silencia, minimiza e prolonga a violência específica que a população negra vivencia neste país.

Particularmente, acredito que acolher com alteridade um paciente negro é tarefa tanto para o profissional negro quanto para o branco. Na Resolução 018/2002, artigo 1º, o Conselho Federal de Psicologia (2017) resolve: "Os psicólogos atuarão segundo os princípios éticos da profissão contribuindo com o seu conhecimento para uma reflexão sobre o preconceito e para a eliminação do racismo". Portanto, basear-se nessa premissa é tarefa para todo brasileiro que trabalha com a psicologia. Ressalte-se que pretos e pardos (pessoas autodeclaradas negras no ano de 2018) equivalem a 54% da população brasileira; portanto, é de suma importância que o profissional de psicologia tenha consciência de como a temática das relações raciais atravessa a subjetividade dessa população para que o trabalho ocorra na direção do "todo".

Na Gestalt-terapia, compreende-se que o terapeuta só pode levar seu cliente onde ele mesmo esteve antes. Ter conhecimento, consciência e permitir-se a reflexões a respeito da especificidade das relações raciais no Brasil são essenciais aos profissionais para que eles tenham informações norteadoras sobre como compreender a dinâmica de seus clientes, bem como auxiliá-los na identificação e (re)inauguração de recursos para lidar com a ferida ainda não cicatrizada.

Na primeira seção deste capítulo, procurei apresentar todo o "fundo" do qual emergem as figuras de dor e das feridas não cicatrizadas provenientes de um sistema hegemônico e racista. Objetivei pensar sobre o que é e como se apresenta o "racismo à brasileira", que, em nosso país, é caracterizado pelo tripé mestiçagem, branqueamento e mito da democracia racial, todos enraizados em teorias racistas importadas da Europa e dos Estados Unidos do final do século 19 até meados do século 20. Compreender esse fundo é importante para perceber as figuras, o sofrimento com os quais o paciente chegará à clínica.

Esse tripé também foi mencionado pela psicanalista Neusa Souza como a forma encontrada pelas pessoas negras de ascender socialmente e, com isso, ter o *status* de "gente", de cidadão de bem, merecedor de respeito e dignidade nas décadas posteriores à abolição, qualidades da população branca. Logo, o negro precisaria percorrer sua existência para ser como uma pessoa branca: digno de humanidade, enraizamento e pertencimento.

A escravidão por si só já proporcionou o rompimento de africanos sequestrados e trazidos à força de seu continente para o Brasil, um profundo e incalculável desenraizamento cultural, étnico, religioso, social por quase 400 anos. Com a abolição da escravatura, o "racismo à brasileira" teve êxito ao alterar a capacidade das pessoas negras de afirmar-se positivamente em sua identidade, devido à sua ancestralidade negra comum subjacente, bem como trouxe a crença (limitante) de que no país há uma convivência harmoniosa e igualitária entre negros e brancos.

Contudo, o sofrimento psíquico específico da população negra é, ainda, tentar suturar a ferida existencial e histórica deixada (e constantemente atualizada) pelo racismo. Enraizar e pertencer ainda são aspectos que, frequentemente, aparecem na clínica com as mais diversas histórias e singularidades.

Beatriz Cardella (*apud* Frazão e Fukumitsu, 2014) enfatiza que enraizar é, paradoxalmente, desconstruir o mundo tal como este se organiza. Nesse cenário ao qual estamos nos atendo, é importante que tanto os profissionais de psicologia como a população brasileira se permitam o contato, a reflexão e a desconstrução da visão ideologicamente imposta nos séculos anteriores, que ainda atravessa a subjetividade das pessoas negras. É essencial abrir-se ao acolhimento desse sofrimento que é singular, possibilitando que na clínica ou instituição, na figura do terapeuta, esse indivíduo possa enraizar-se na comunidade humana, transformar seu sofrimento em "passagem" e, em consequência, (re)conhecer a própria humanidade.

A atitude terapêutica na Gestalt-terapia, baseada na relação dialógica, é um dos recursos fundantes para lidar com essa temática. A clínica gestáltica é a clínica da alteridade, que reconhece a singularidade e o humano, em comum, na relação terapeuta-cliente. É uma relação terapêutica baseada na disponibilidade e na abertura do terapeuta ao diálogo mútuo e à ação transformadora para ambos. É o humano do terapeuta que encontra (e/ou resgata) o humano do cliente.

Muitos pacientes negros chegam à clínica com uma rigidez física e emocional, e uma cobrança sobre-humana a respeito da própria vida, na busca incessante de ser e corresponder a padrões que não dizem respeito à sua identidade étnica. Reflexo geracional das relações tensionadas de racismo vivenciadas no interior da família, nas relações sociais, políticas, afetivas e também profissionais. Portanto, uma relação paciente-terapeuta baseada na relação dialógica é a base de qualquer trabalho na clínica gestáltica das relações raciais.

Buber também descreveu a relação Eu-Isso, caracterizada como uma relação utilitária importante para o cotidiano em muitas dimensões, no entanto seu excesso poderá transformar relações humanas em relações coisificadas, objetificadas. A população negra, nesse sentido, desde o período escravocrata foi vista e tratada no pior da relação Eu-Isso, como coisas inanimadas, sem humanidade e descartáveis. Muitos clientes poderão chegar com relatos assim na clínica e o terapeuta deve estar aberto à construção de um diálogo, baseado numa relação dialógica e de confirmação desse sofrimento para que essa ferida seja minimamente legitimada.

Assentado o solo dialógico da relação terapêutica, um importante recurso a ser percorrido é o que chamamos de teoria paradoxal da mudança, ou seja, "a mudança ocorre quando uma pessoa se torna o que é, não quando tenta converter-se no que não é" (D'Acri, Lima e Orgler, 2012, p. 214). Tendo como pano de fundo a dinâmica do "racismo à brasileira" e da atitude terapêutica, um dos objetivos a ser percorridos na clínica gestáltica das relações raciais é auxiliar o cliente a identificar o que ele "é" e o que ele "tenta" ser, bem como a serviço do quê e/ou de quem (ideologias e racismo internalizados? Mitos e crenças limitantes? Empobrecimento afetivo? Ausência de identidade?).

A mudança está intimamente ligada ao autoconhecimento e ao autossuporte, os quais caminham com a autoaceitação. Em se tratando de uma identidade negra desenraizada, o processo de mudança percorre o desenvolvimento de recursos próprios, por meio das experiências da vida, como formas de enfrentamento da vida cotidiana. É o que chamamos de suporte. Ao chegar à clínica gestáltica, o cliente, em geral, não tem seu autossuporte delineado. Sofre, mas muitas vezes não consegue delimitar o que e como dói. O terapeuta se torna seu heterossuporte (suporte externo/ambiental), que o auxiliará a identificar sua necessidade, no caminho de ajudá-lo a não apenas identificar suas demandas, mas também a atualizar seus recursos existenciais para lidar com suas questões.

Frequentemente, em minha experiência com pacientes negros, percebo um importante distanciamento do "sentir", a ponto de não conseguir identificar, tampouco se permitir sentir a raiva (no pós-abolição os negros ainda eram vistos como pessoas inferiores e, portanto, deveriam manter seu estado dócil e servil). Hoje, muitos indivíduos não entram em contato com os sentimentos porque na família lhes é transmitida a ideia de que é errado sentir raiva, é feio e sinal de fraqueza chorar. Logo, os corpos negros estão, em grande maioria, com as emoções reprimidas e a ideia de ser e ter personalidade forte ainda vagueia em seu imaginário, tolhendo-os de expressar e vivenciar suas emoções. É um corpo negro cheio de potência, mas que por não expressar tudo que sente paralisa, endurece, adoece em diversos sentidos da vida.

Estar *aware* e em contato com seus sentimentos, ou seja, "dar se conta" de como você (o cliente) experiencia no aqui e agora, seja no âmbito social, psicológico, biológico, espiritual ou político, proporcionará escolhas saudáveis do que deve ser ou não assimilado, do que deve ou não ser rejeitado, do que é e, sobretudo, do que não é seu, sempre em um movimento que favoreça o crescimento desse indivíduo.

Com base nesse trabalho, muitos conteúdos foram introjetados em rótulos falaciosos específicos para a população negra. Logo, a consciência do terapeuta em relação a esses atravessamentos lhe permitirá também dar suporte consciente e saudável ao seu cliente, na direção de uma nutrição existencial, humana e identitária na relação terapêutica.

Na Gestalt-terapia o ajustamento criativo é visto por Perls (*apud* D'Acri, Lima e Orgler, 2012) como o modo de descrever a natureza do contato, ou seja, de perceber e atuar naquilo que pode ser criativo ou apenas ajustável. A esfera do criativo significa a capacidade do sujeito de identificar as demandas e necessidades e se orientar de forma transformadora, e não apenas "ajustável", o que não necessariamente requer transformação. Esse recurso exige um papel ativo do sujeito, que ele seja o protagonista, a partir de um contato *aware* com seu aqui e agora.

Todavia, a população negra está mais "ajustada" nas falácias do racismo à brasileira do que criativamente potencializada para assumir sua vida e protagonismo para ações transformadoras. Assim, o Gestalt-terapeuta será aquele que auxiliará o paciente na identificação e apropriação de seu ajustamento criativo, de se perceber potente e cheio de possibilidades para criar o que lhe for melhor para ser vivenciado.

Voltando à esfera da atitude terapêutica, por meio da relação dialógica, cabe ressaltar a valia da empatia, do reconhecimento (por parte do terapeuta) de sua própria vulnerabilidade, o que lhe conferirá humildade para se aproximar e acolher seu paciente, bem como do papel ímpar da amorosidade, durante o processo terapêutico, para auxiliar o sujeito negro a perceber-se como um indivíduo capaz de fazer escolhas saudáveis, autênticas, embasadas em uma identidade que, de fato, lhe confira o enraizamento e pertencimento em sua própria humanidade.

CONSIDERAÇÕES FINAIS

Como seres humanos, estamos em constantes transformações, significações e ressignificações, visto que não temos uma identidade acabada, mas sim em frequentes mutações de pensamento, de memória, de lugares, de disposições. Viver é estar na direção de "vir a ser" a cada dia, história, e singularidade.

A história nos evidencia que a escravidão passou longe de um processo de humanização, o que, infelizmente, ainda atravessa muitas vidas e histórias com aspectos, comportamentos e crenças sutis, por vezes explicitamente ameaçadoras à vida. Resgatar a história é, ao mesmo tempo, permitir-se compreender um mesmo dado por outra perspectiva, com outro olhar, criando uma nova consciência. Resgatar a própria história tem um efeito de enraizamento subjetivo, seja no individual ou coletivo. Enraizar é pertencer a algum lugar. Saber qual é esse lugar é a diferença que faz diferença.

Compreender a dinâmica das relações raciais no Brasil não eliminará de prontidão o racismo, mas proporcionará um novo olhar para as relações sociais, familiares, profissionais, políticas: para as relações humanas, com a potência da escolha de sermos mais humanos uns com os outros.

Na clínica psicológica, é compreender que há muito mais no "fundo" de cada relato de sofrimento de uma pessoa negra do que ela possa efetivamente perceber e até conseguir verbalizar naquele momento.

Portanto, é estar gentilmente aberto ao mistério daquela existência, para caminhar e atravessar junto com quem sofre o processo de entrar em contato com a dor, perceber o lugar da ferida e, juntos, transcender com uma nova consciência aquele sofrimento para algo que faça sentido na existência de cada um. Como diria Ubuntu, "eu sou porque nós somos".

REFERÊNCIAS

Andrade, C. C. "Autossuporte e heterossuporte". In: Frazão, L. M.; Fukumitsu, K. O. (orgs.). *Gestalt-terapia: conceitos fundamentais*. Coleção Gestalt-terapia: fundamentos e práticas, v. 2. São Paulo: Summus, 2014.

Brandão, A. P. (coord.). *Saberes e fazeres, v. 1: modos de ver*. Coleção A Cor da Cultura. Rio de Janeiro: Fundação Roberto Marinho, 2006.

Brasil. Senado Federal. Relatório final da CPI Assassinato de Jovens. Brasília: Senado Federal, 2016. Disponível em: <https://www12.senado.leg.br/noticias/arquivos/2016/06/08/veja-a-integra-do-relatorio-da-cpi-do-assassinato-de-jovens>. Acesso em: 21 nov. 2019.

Buber, M. *Eu e Tu*. 10. ed. Trad. Newton Aquiles Von Zuben. São Paulo: Centauro, 2001.

Cardella, B. H. P. "A construção do psicoterapeuta na atualidade". *Revista da Abordagem Gestáltica: Phenomenological Studies*, v. XII, n. 2, jul.-dez. 2006, p. 109-17.

______. *De volta para casa – Ética e poética na clínica contemporânea*. Amparo: Foca, 2017.

Conselho Federal de Psicologia. *Relações raciais: referências técnicas para atuação de psicólogas/os*. Brasília: Conselho Federal de Psicologia, 2017. Disponível em: <https://site.cfp.org.br/wp-content/uploads/2017/09/relacoes_raciais_baixa.pdf>. Acesso em: 9 out. 2019.

D'Acri, G.; Lima, P.; Orgler, S. (orgs). *Dicionário de Gestalt-terapia – "Gestaltês"*. São Paulo: Summus, 2012.

Fagan, J.; Shepherd, I. L. *Gestalt-terapia: teoria, técnicas e aplicações*. Rio de Janeiro: Zahar, 1980.

Fernandes, D. *O que você sabe sobre a África: uma viagem pela história do continente e dos afro-brasileiros*. Rio de Janeiro: Nova Fronteira, 2016.

Frazão, L.; Fukumitsu, K. O. (orgs.). *Gestalt-terapia: fundamentos epistemológicos e influências filosóficas*. Coleção Gestalt-terapia: fundamentos e práticas, v. 1. São Paulo: Summus, 2013.

______. *Gestalt-terapia: conceitos fundamentais*. Coleção Gestalt-terapia: fundamentos e práticas, v. 2. São Paulo: Summus, 2014.

G1. "Gerente de banco envolvido em confusão com cliente que denunciou racismo e levou 'mata-leão' de PM é afastado". 2019. Disponível em: <https://g1.globo.com/ba/bahia/noticia/2019/02/27/gerente-de-banco-envolvido-em-confusao-com-

-cliente-que-denunciou-racismo-em-salvador-e-afastado.ghtml>. Acesso em: 4 mar. 2019.

hooks, b. *Vivendo de amor*. 2010. Disponível em: <https://www.geledes.org.br/vivendo-de-amor/>. Acesso em: 9 mar. 2019.

Hycner, R. *De pessoa a pessoa: uma psicoterapia dialógica*. São Paulo: Summus, 1995.

Moore, C. *Racismo & sociedade: novas bases epistemológicas para entender o racismo*. Belo Horizonte: Mazza Edições, 2007.

Munanga, K. *Rediscutindo a mestiçagem no Brasil: identidade nacional versus identidade negra*. Belo Horizonte: Autêntica, 2004.

______. "Teoria social e relações raciais no Brasil contemporâneo". *Cadernos Penesb*, n. 12, Niterói, 2010, p. 169-203.

Nogueira, O. "Preconceito racial de marca e preconceito racial de origem: sugestão de um quadro de referência para a interpretação do material sobre relações raciais no Brasil". *Tempo Social*, v. 19, n. 1, São Paulo, jun. 2007, p. 287-308. Disponível em: <http://www.scielo.br/scielo.php?script=sci_arttext&pid=S0103-20702007000100015&lng=pt&nrm=iso>. Acesso em: 5 mar. 2019.

Redação Revista Fórum. "Diretora da Vogue Brasil faz festa com negras fantasiadas de escravas". 2019. Disponível em: <https://www.revistaforum.com.br/diretora-da-vogue-brasil-faz-festa-com-negras-fantasiadas-de-escravas/>. Acesso em: 4 mar. 2019.

Nogueira, Kiko. "Morte de jovem negro no Extra causa menos revolta que a do cachorro no Carrefour". 2019. Disponível em: <https://www.pragmatismopolitico.com.br/2019/02/morte-negro-extra-revolta-cachorro-carrefour.html>. Acesso em: 4 mar. 2019.

Roncolato, M. *et al.* "130 anos de pós-abolição – Os obstáculos na trajetória de vida da população negra no Brasil". *Nexo Jornal*, 12 maio 2018. Disponível em: <https://www.nexojornal.com.br/especial/2018/05/11/130-anos-p%C3%B3s-aboli%C3%A7%C3%A3o>. Acesso em: 4 mar. 2019.

Senzala Restaurante. Disponível em: <http://senzala-sp.com.br/restaurante/o-senzala>. Acesso em: 4 mar. 2019.

Souza, N. S. *Tornar-se negro: as vicissitudes da identidade do negro brasileiro em ascensão social*. Rio de Janeiro: Graal, 1983.

6
Opção *versus* orientação sexual: o que de fato pode ser escolhido?

AILTON GOMES

O conceito de sexualidade, como muitos aspectos científicos já estudados, iniciou sendo compreendido de forma puramente biológica. Isso quer dizer que os principais conceitos utilizados para entendê-lo eram unicamente as terminologias de "macho e fêmea" e a relação sexual determinista entre ambos.

Segundo Cardoso (2008, p. 70), os estudos de Money vêm colaborar para que um olhar mais total do indivíduo seja considerado na compreensão de sua sexualidade:

> Ao distinguir sexo, gênero e orientação sexual, Money possibilitou a abertura de um campo científico-investigativo que passou a estudar esses fenômenos não mais como o único efeito determinista do processo de diferenciação sexual biológica, até então conhecido como causa de tudo.

Segundo a última atualização do Manual de Comunicação LGBTI+, feita em 2018 com a colaboração de diversos membros da comunidade LGBTI+,

> a orientação sexual refere-se à capacidade de cada pessoa de ter uma profunda atração emocional, afetiva ou sexual por indivíduos de gênero diferente, do mesmo gênero ou de mais de um gênero, assim como ter relações íntimas e sexuais com essas pessoas. (Princípios *apud* Reis, 2018, p. 21)

Para Bozman e Becker (*apud* Cardoso, 2008, p. 73-74), a orientação sexual pode ser dividida em duas esferas, que os autores chamam de "desejo sexual e atração física", as quais se localizam no âmbito da afetividade (emoções) e dos desejos físicos, respectivamente.

O desejo sexual está ligado a três características principais: intrapsíquicas, intrapessoais e sociais. Por intrapsíquico entende-se o funcionamento emocional e mental de cada pessoa. As características intrapessoais estão ligadas às individualidades de cada um e à sua singularidade. Enfim, os aspectos sociais referem-se a tudo que envolve interações e cultura.

A atração física está ligada às mudanças corporais/biológicas, características dos desejos expressas no corpo, como, por exemplo, excitação do pênis, lubrificação vaginal, entre outras.

As duas esferas referidas pelos autores podem ser mais bem compreendidas no quadro a seguir:

Quadro 1 – As esferas da sexualidade para Bozman e Becker

Desejo sexual (afetividade)	Atração física (desejos físicos)
• Funcionamento emocional e mental. • Individualidade e singularidade do sujeito. • Aspectos sociais e culturais.	• Excitação física dos órgãos genitais. • Aumento da circulação sanguínea. • Outras expressões biológicas similares.

Fonte: Cardoso, 2008, p. 73.

O conceito de orientação sexual pode ser mais expandido, considerando a grade de orientação sexual de Klein (*apud* Cardoso, 2008, p. 75), que a meu ver complementa a visão de Bozman e Becker. Podemos comparar o que Bozman e Becker nomeiam como "desejo sexual e atração física" com o que Klein chamará respectivamente de "orientação sexual e prática sexual". Além disso, o último autor ainda propõe uma terceira esfera referente à identidade sexual, descrita a seguir e no Quadro 2:

a Esfera afetiva: considera as preferências emocionais e sociais, por quem a pessoa se atrai sexualmente, e suas fantasias sexuais, lembrando que todos esses pontos são visualizados por meio de um contexto afetivo.

b Esfera dos desejos físicos: é como se dá o comportamento sexual da pessoa, contextualizado por meio das características biológicas que compõem seu corpo e dos aspectos singulares que lhe proporcionam desejo e prazer do ponto de vista físico.

c Esfera da identidade sexual: devemos considerar que a identidade também é construída em um enfoque específico da sexualidade, considerando a autoidentificação da pessoa e seu estilo de vida sexual – segundo Klein, um estilo de vida heterossexual ou homossexual. Ouso ir além e mencionar as possibilidades dos estilos de vida das diversas sexualidades existentes atualmente (heterossexual, homossexual, bissexual, assexual e pansexual).

Quadro 2 – Cruzamento das concepções de sexualidade em Bozman e Becker e Klein

Bozman e Becker	**Desejo sexual (afetividade)**	**Atração física (desejos físicos)**	**–**
	• Funcionamento emocional e mental. • Individualidade e singularidade do sujeito. • Aspectos sociais e culturais.	• Excitação física dos órgãos genitais. • Aumento da circulação sanguínea. • Outras expressões biológicas similares.	–
Klein	**Orientação sexual (afetividade)**	**Prática sexual (desejos físicos)**	**Identidade sexual**
	• Atração afetiva/sexual. • Fantasia sexual. • Preferência emocional. • Preferência social.	• Comportamento sexual.	• Autoidentificação. • Estilo de vida heterossexual/homossexual.

Fonte: Cardoso, 2008, p. 73 e 75.

Assim, para compreender a sexualidade de uma pessoa, na visão de Klein, é necessário ampliar nossa visão para a totalidade do sujeito, pois não é possível obter uma compreensão ampla com o ser dividido em partes. É necessário saber que a sexualidade é transpassada pela cultura na qual a pessoa se insere e ainda considerar que as três esferas mencionadas por ele são vistas entrelaçadas entre si mesmas (Klein *apud* Cardoso, 2008).

Segundo o dicionário on-line Dicio (2018), optar é: "Escolher entre várias coisas aquela que se pode ou deseja ter. Manifestar predileção por; preferir. [Jurídico] Ter o direito de escolha, decidir." Assim, o termo opção sexual, na concepção da palavra, torna-se inviável, pois me parece difícil ter o controle da sexualidade diante de tantos elementos complexos da totalidade humana.

Como vimos, é por conta desse olhar unicamente biológico, distante de uma visão total para a complexidade humana, que o preconceito e a discriminação às diversidades sexuais costumam se instalar. Contudo, a ideia errônea de que o sujeito pode escolher sua sexualidade acaba por reforçar ainda mais esse cenário.

Com compreensões mais amplas acerca do ser humano sendo destacadas e para que o respeito às diversidades ocorra, é importante que tenhamos a humildade de aceitar a evolução do pensamento e que não nos prendamos aos limites que as teorias antecessoras nos impuseram. Pensando no cotidiano, essa afirmação parece distante e colocada no local das teorias científicas, mas são essas teorias que acabam indiretamente por basear nossa vida e rotina diárias sem que ao menos percebamos tal efeito. Cabe a nós jogar luz sobre nossas ações e as ideias que as embasam para então mudar nossos pensamentos e atitudes em prol de uma sociedade mais respeitosa, onde possamos viver de forma mais segura e com qualidade de vida.

No próximo tópico falarei sobre as dificuldades enfrentadas pelos grupos que compõem as diversas sexualidades dissidentes que hoje (r)existem. Estas são a todo momento pressionadas a se "normalizar" e a seguir um padrão social, e conduzidas a pensar que podem ter controle sobre sua condição. Aqui, a meu ver, encontram-se as bases dos processos de sofrimento psíquico da população LGBTQI+.

HISTÓRIA E DORES PSÍQUICAS DA COMUNIDADE LGBTI+ NO BRASIL

O surgimento da comunidade LGBTQI+ brasileira se dá em um momento da história permeado por questões sociopolíticas, logo após a abertura do país no pós-ditadura militar. Ocorrerá por meio dos movimentos políticos da época que pediam democracia. "Abaixo a repressão, mais amor e mais tesão" foi a frase de ordem em junho de 1980, em uma marcha com cerca de mil militantes LGBTQI+ que seguiram pelo centro de São Paulo (Green, 2015).

A comunidade tem sua base então nas pautas sobre liberdade política, na abertura para a liberdade sexual e no amor (seja lá quem você for amar). Entende-se que sua principal dor na época, que também parecia ser a dor do brasileiro em geral, era a repressão política sobre seu corpo. Em contrapartida a isso, surgem nos movimentos políticos as lutas contra tal repressão, e assim nasce o movimento LGBTQI+ (Green, 2015).

Nas décadas de 1960 e 1970, com base na percepção de gêneros binários[1] e no machismo, há uma minimização de tudo que se relaciona ao feminino, incluindo aí o homem gay e as mulheres de forma geral, sobretudo a mulher lésbica. Essa relação de poder minimizadora é carregada até os dias de hoje de forma estruturante como base para que a LGBTQfobia ocorra, uma de nossas principais dores.

Após a abertura democrática, a moral e os bons costumes (resquícios dos modos de pensamento vigentes nos anos anteriores) permearam a lei. Embora ser gay não seja caracterizado

1. Gênero binário corresponde à ideia limitante de que só existem o masculino e o feminino como identidades de gênero.

como um crime, a sociedade encontrou mecanismos de controle e deu poder jurídico/prático para que a polícia atuasse na contenção de práticas homossexuais, caracterizadas como violadoras desses princípios. Abriu-se um período em que a violência, sobretudo contra travestis, aumentou e crimes direcionados a homens gays também ficaram sem resolução, havendo notícias inclusive de grupos de extermínio e ameaças a grupos organizados do movimento LGBTQI+ à época (Green, 2015).

Medos e dores foram se instalando durante os últimos períodos históricos (descriminação, inferiorização e violência) e, embora alguns deles possam parecer não ter a mesma força, sua influência ainda persiste nos dias atuais, sobretudo no novo momento político conservador que enfrentamos enquanto escrevo estas linhas.

LÉSBICAS

> *Ser lésbica é ser livre e viver minha sexualidade em paz comigo mesma. As pessoas imaginam que não sofremos dos mesmos problemas e descasos que maltratam as mulheres, como, por exemplo, o machismo, feminicídio e o sexismo. (Sheila)*

Segundo Granúzzio (2012), nos períodos escolares é possível perceber um controle sutil da sexualidade lésbica com a intenção de fazer a manutenção da sexualidade heteronormativa[2] hegemônica. Também estão envolvidos os efeitos repressivos do machismo, que sempre diminuem a mulher a caracterís-

2. Por heteronormativo entendem-se as normas sociais vigentes que colocam a heterossexualidade como padrão e regra, discriminando aqueles que desempenham sua sexualidade de forma diferente da imposta.

ticas inferiores, pressionando-a a posturas ditas mais femininas (expectativas da sociedade heterocisnormativa[3]). Isso causa sofrimento psíquico, gerando invisibilidade (as meninas não encontram referências que validem sua sexualidade como algo normal) e impossibilidade de pertencimento (exclusão dos grupos, não aceitação e, consequentemente, dificuldades de autoaceitação). Contudo, também temos a visibilidade e invisibilidade como dor se apresentando de duas maneiras: nos períodos do ensino fundamental, quando estão mais expostas, a tendência é ter de lidar com o preconceito e ataques frontais – algumas meninas são inclusive nomeadas como "sapatonas e/ou caminhoneiras", havendo maior preconceito com as de trejeitos lidos como masculinizados. Já nos anos subsequentes as meninas estão mais invisíveis e, mesmo que os atos de lesbofobia sejam mais sutis ou em menor intensidade, o não pertencimento e a invisibilidade continuam presentes.

Em um contexto escolar, mas possível de se expandir para outros campos, não podemos esquecer a problemática do estupro corretivo de mulheres lésbicas (Junqueira, 2010), que ocorre como forma de opressão coercitiva do sistema heteronormativo e configura como uma das dores mais intensas a ser aqui mencionadas.

Expandindo a invisibilidade para outros contextos, segundo Freitas e Irigaray (2011), as lésbicas a vivenciam também na própria comunidade LGBTQI+. Ocorre discriminação por parte não só de homens gays, que são maioria, mas também de outras mulheres lésbicas.

---

3. O conceito cisnormativo diz respeito às normas impostas ao gênero (de definir de forma binária e por meio da genitália se a pessoa é homem ou mulher aos comportamentos e vestimentas que cada gênero deve ter). Ele engloba também as repressões sociais para quem diverge dessa norma.

Ainda segundo esses autores, e agora na ótica do trabalho e meio corporativo, há em diversas empresas um discurso de apoio à diversidade que não é colocado em prática. Assim, pode ocorrer omissão da sexualidade lésbica no ambiente de trabalho a fim de evitar discriminação, o que muitas vezes acontece por meio de piadas e apontamentos sutis – e, em casos mais graves, caracteriza assédio moral. A mulher lésbica também acredita que expressar sua orientação sexual possa influenciar negativamente seu trajeto profissional e as oportunidades oferecidas, o que os autores chamam de *minority stress*, ou ajustamento para lidar com o mínimo de estresse possível. Esse movimento banca uma conta cara a ser paga, com a dor da perda da autenticidade e, se houver a expressão de sua sexualidade abertamente, a dor de ter de lidar com as piadas discriminatórias.

GAYS

> *Ser gay para mim é ser resiliente. É poder tirar força das situações mais adversas e coragem para continuar acreditando em mim. É conseguir enxergar e transformar as piores coisas em algo positivo, mesmo quando parece não haver esperança nenhuma. É conseguir contribuir não só com a minha evolução, mas também com a da sociedade. (Edgar)*

As dores encontradas por homens gays no ambiente escolar estão estritamente ligadas à ruptura com a norma heteronormativa e ao enfrentamento da discriminação por conta desse rompimento. Nesse processo, terão de lidar com brincadeiras e piadas "inofensivas", apontamentos em bilhetinhos, nomes em carteiras, pichações nas paredes dos banheiros, provocações na quadra e até na hora da chamada, com o furor em torno do número 24. Chacotas, moléstias, humilhações, tormentas, degradação, marginalização, exclusão, ameaças, agressões físicas e/ou verbais, apelidos, insinuações e expressões desqualificantes são aspectos de violência vivenciados com muita dor por meninos gays em idade escolar, sobretudo os que têm expressões ditas mais femininas (Junqueira, 2010).

O armário (que pode se estender para a comunidade LGBTQI+ como um todo, mas se torna uma expressão mais conhecida entre os homens gays) é uma forma de ocultação da sexualidade e identidade desse grupo com vias de realizar a manutenção da heteronormatividade (Junqueira, 2010), gerando perda da autenticidade como dor.

Historicamente, o crescimento da infecção pelo vírus HIV na década de 1980 marcou estigmas na população homossexual. A doença desencadeada pelo vírus passa a ser mencionada como "peste gay" e traz resquícios de preconceito que são sentidos até os dias atuais (Green, 2015).

No âmbito do trabalho, Ferreira (2007) cita vários autores que corroboram com a ideia de haver barreiras a ser enfrentadas por gays nesse ambiente, entre elas: piadas, discriminação, inadequação de certas profissões para homossexuais, homofobia, estereótipos negativos, estigmas sociais e o medo da aids no ambiente organizacional, principalmente se houver uma pessoa gay com o vírus HIV no quadro de funcionários. Segundo a autora, assim como as mulheres lésbicas, haverá possível omissão da sexualidade para evitar preconceito e interferências na trajetória do crescimento profissional desse público, a depender de quão tóxico e ausente de suporte o ambiente for sentido pela pessoa. Tanto no contexto social como no corporativo haverá preconceito por parte dos próprios gays e da comunidade LGBTQI+. Contudo, sair do armário será descrito como algo que também ocorre dentro da organização, da mesma forma que nas relações sociais (família e amigos), com a preocupação da aceitação e de como isso reverberará em suas relações e desenvolvimento profissional. Desse modo, pode haver

> [...] uma relação de poder desigual entre os homossexuais minoritários e a maioria heterossexual na sociedade e consequentemente no ambiente de trabalho, relação essa caracteristicamente preconceituosa e discriminante, que leva os indivíduos gays a viverem aparentemente padrões e estilos de vida de pessoas heterossexuais em seus respectivos empregos [...]. (Ferreira, 2007, p. 32)

Em meu entendimento, configura-se uma forma de vivência incongruente que pede sustentação de uma máscara social falsa, gerando dor emocional tanto no ambiente de trabalho como fora dele.

Ainda veremos o gay ser associado ao estereótipo frágil, àquele que "quer ser mulher", sendo colocado no grupo feminino, o que é postulado pelo machismo numa referência sexista, transpassando também o gênero e demonstrando a existência de um grupo dominante e um dominado (Ferreira, 2007).

BISSEXUAIS

> *Ser bissexual é não me sentir presa a um único modo de amar. É poder ver em ambos os gêneros uma possibilidade de amar e de sentir. (Sibele)*

Embora bissexuais estejam representados na sigla do movimento, não há abertura nem acolhida para as *performances* identitárias bissexuais na comunidade LGBTQI+. Assim como existe uma heterocisnormatividade que controla os corpos e marginaliza quem não se encaixa nesse modelo, também existe, segundo Lewis (2012), uma homonormatividade[45] marginalizante exigida aos bissexuais no movimento LGBTQI+, que traz a dor do não pertencimento, da invisibilidade e da perda da identidade sexual genuína, a qual sempre será vista como hétero ou homo, mas nunca como bissexual. Nesse contexto, pessoas bissexuais ou que se apresentem em algum momento desejantes de homens e mulheres sofrem policiamento de suas identidades e *performances* sexuais.

Os preconceitos direcionados a esses indivíduos geralmente passam pela invisibilidade pautada nesse viés binário no qual ou se é permitido gostar do mesmo gênero ou do oposto, mas também caracterizam-se por uma hipersexualização da pessoa bissexual (Lewis, 2012). Esta será vista como promíscua ou infiel, pois é tida como quem tem acesso a uma variedade maior de parceiros, independentemente do gênero. Logo, há um pensamento irracional que a condena ao perfil de acesso ao sexo fácil, ou define que ela não con-

4. Pressão dentro comunidade LGBTI+ para que a pessoa bissexual assuma uma identidade homossexual.

segue estar em um relacionamento monogâmico, mesmo que assim queira (Cavalcanti, 2007, p. 71-88). Penso no impacto, do ponto de vista da dor psíquica, para uma pessoa na qual a vivência de um relacionamento lhe é negada por uma convenção de que ela só estaria procurando sexo e/ou não poderia viver sem ter mais de um parceiro. Onde ficam suas chances de se relacionar com quem quiser e da forma como quiser, estando em comum acordo com seu parceiro (ou parceiros, se assim desejar)?

Compreendo que a principal dor psíquica da pessoa bissexual parece estar pautada na impossibilidade de vivenciar sua identidade sexual de forma livre e espontânea, identidade essa que é policiada e usurpada tanto pela heterossexualidade compulsória quanto por uma ideia de homonormatividade. É vista como homossexual quando em relação com um parceiro do mesmo gênero ou como heterossexual quando estando com um parceiro do gênero oposto. Quando não há exatamente essa lógica, pode ser estigmatizada como "em cima do muro", nunca se decidindo sobre o que realmente quer, ou mesmo como descompromissada, em busca apenas de sexo.

ASSEXUAIS

Ser assexual para mim é ser livre! Livre do desejo sexual, livre da necessidade carnal de estar em contato com outro ser humano e livre para sentir o que mais o mundo tem a oferecer sem me sentir presa a um sentimento e a uma necessidade de prazer. (Bárbara)

A sociedade dita a sexualidade como hábito regular e compulsório à vida saudável amorosa. Cerceia, patologiza e faz piada de existências que lidam de formas diferentes com seu corpo e seus desejos ou têm como prática a ausência de relações sexuais com outras pessoas. Na comédia há risadas quando alguém admite não ter feito sexo há muito tempo; na novela, existem os virgens, que precisam ser postos à prova diante de planos mirabolantes para deixar essa condição. Esses são exemplos de situações que colocam assexuais à margem por performarem o sexo de outra perspectiva, longe da esperada, ou simplesmente por não o performarem (Santos, 2016).

Bogaert (*apud* Santos, 2016) informa que pessoas assexuais apresentam capacidades fisiológicas normais para a excitação. Mesmo assim, segundo Santos (2016, p. 42), a medicina instaura uma aura de cura e elucidação científica sobre esses indivíduos por meio do discurso. Diante disso, ouso dizer que a visão médica que se instaura colocando a assexualidade como distúrbio sexual, buscando sua cura, promove dor psíquica enquanto marginaliza e estigmatiza corpos. Assim, essas pessoas são erroneamente vistas como anormais, possuidoras de desordem bioquímica e/ou psicológica.

O movimento assexual tenta legitimar-se como uma quarta sexualidade, distinta das que já foram mencionadas anteriormente, e a defende como uma condição e não como algo passível de ser escolhido ou controlado. Assexuais parecem sentir-se desprezados pela população em geral. Causam-lhes dores todas as tentativas e pressões de exercer a sexualidade de forma padronizada, ações as quais são sustentadas pela visão médica de cura e pelo pensamento do senso comum de que se tentarem mais conseguirão ser pessoas "normais" e vistas como seres humanos (Santos, 2016).

PANSEXUAIS

Para mim ser pansexual é me apaixonar por energias, por conversas, por ideias e acolhimento, e não por gênero e forma física. (Julia)

A pansexualidade no Brasil carece de estudos. No entanto, seus representantes em nosso país existem, e mais pesquisas sobre essa sexualidade se fazem necessárias. Este tópico trará referências americanas, mas almeja que possamos conhecer melhor a realidade dos pansexuais brasileiros em breve.

Segundo Gonel (2013), o indivíduo pansexual se diferencia do bissexual por não categorizar sua atração de forma definida (por exemplo, conectada a dois gêneros), mas estar aberto e predisposto para se apaixonar e se sentir atraído por pessoas. É importante enfatizar a palavra abertura, pois qualquer conceituação que não reconheça a multiplicidade e a flexibilidade das identidades pansexuais e sua contextualização (a qual transita para fora da noção binária de gênero) estará equivocada, carente de empatia e contributiva para o aumento da dor psíquica dessas pessoas.

A dor psíquica dos pansexuais é marcada pela homonormatividade, na qual pansexuais se alocam a fim de ser tolerados e aceitos na sociedade, sobretudo na comunidade LGBTQI+ (Gonel, 2013). A meu ver, a construção de uma identidade pansexual pautada nesses modelos (vista inicialmente como tática provisória) possibilita por um lado o autossuporte, mas ao mesmo tempo pode incorrer na perda dessa identidade, que se aproxima em muito da vivência da pessoa bissexual, pois pansexuais costumam ser também lidos como gays, lésbicas ou até mesmo bissexuais (uma leitura externa e não autodeclarada).

Contudo, também se percebe que, no momento de verbalizar sua sexualidade para outras pessoas, muitos pansexuais acabam também por identificar-se com outras sexualidades, a depender de quanto percebem que seus interlocutores são preconceituosos ou apenas não conhecem a pansexualidade e as teorias de gênero que a embasam. Assim, tendem a se agrupar de forma on-line, já que o mundo real parece não lhes dar suporte para compreendê-los e acolhê-los (Gonel, 2013, p. 45).

Baseadas na heterocisnormatividade e no conservadorismo patriarcal, a comunidade LGBTQI+ e a sociedade encontram dificuldades para romper com as fronteiras de gênero, podendo então ver pessoas pansexuais como desviantes, imprevisíveis, confusas, desesperadas ou promíscuas (Gonel, 2013, p. 52-54), o que parece se caracterizar como panfobia.

SEXUALIDADE E GESTALT-TERAPIA: ARTICULAÇÕES TEÓRICAS

A visão total compreendida nas terminologias de campo, holismo e teoria organísmica da Gestalt-terapia se faz extremamente importante para o conceito de orientação sexual por olhar para o indivíduo como um todo. Embora não mencionada por Money, essa perspectiva pareceu, à época de seus estudos, dar uma visão mais humana e menos patologizante a essa pessoa. Nesse sentido, penso ser cabível continuar embasado nessas ideias, primeiramente por elas darem base à Gestalt-terapia e, em seguida, por sua evocação à humanidade, diminuição do preconceito e contribuição para uma sociedade mais empática, que olha para seus pares de forma inteira e cuidadosa.

Entenderemos de forma compreensiva que existem processos compostos por partes que formam essa Gestalt (configuração), e que olhar cada parte isoladamente não é a mesma coisa que olhar para elas de forma total e holística, visão que embasa a teoria organísmica/interacional.

> Um dos fundamentos da teoria organísmica, conforme concebida por Goldstein, é esse caráter interacional do ser humano em relação ao contexto que o cerca. Goldstein, profundamente influenciado pelas teorias da psicologia da Gestalt, considerava o homem uma totalidade sempre diferente do que a mera soma das suas funções, que até então eram estudadas pela medicina e pela psicologia da época de modo dissociado. (Lima, 2013, p. 149)

Ainda cabe reforçar não haver separação entre homem e mundo, pois, segundo Lima (2013), a subjetividade (nossa singularidade) não é algo exclusivamente interno e, por isso, não está separada deste mundo, mas sendo construída na relação com ele. Relação que, de acordo com Schillings (2012), ocorre na fronteira de contato:

> [...] a noção de uma subjetividade intrapsíquica é absolutamente abalada com o pensamento holístico e organísmico na medida em que a subjetividade deixa de ser compreendida como algo "inter-

> no", mas como fundamentalmente constituída pela relação homem-mundo. (Lima, 2013, p. 154)
>
> [...] na fronteira que ocorre a experiência do organismo com o seu meio, sem que o organismo deixe de ser quem é, ao mesmo tempo que se modifica pelo contato que estabelece com o que não é ele, é nela (fronteira) que podemos perceber de que forma organismo e ambiente se unem e se separam. (Schillings, 2012, p. 123)

Esse olhar total não separatista é fundamental para um desenvolvimento saudável, pois a relação e a integração das partes se fazem necessárias como principais recursos no olhar para o ser humano. Quando olhamos para um ser inteiro (integrado em suas polaridades, suas partes), vislumbramos sua humanidade com mais amorosidade e respeito (Cardella, 1994).

Em relação à teoria de campo diante da sexualidade, tais partes que compõem esse cenário estão hoje na descrição da cultura complexa de uma heterossexualidade hegemônica e dominante instalada. São partes também o machismo, sexismo, classicismo, preconceito racial, preconceito sexual, questões de gênero (imposição de uma cisnormatividade) e todas as ações desencadeadas a fim de realizar a manutenção das forças dominantes.

O que afirmo aqui é o que traz Elídio (2012) acerca dos estudos de Kurt Lewin: o comportamento do ser humano sempre estará conectado aos elementos e forças do meio com o qual a pessoa se relaciona, os quais influenciarão suas ações. Assim, não é possível deixar de pensar em todos os elementos citados acima quando vislumbramos, por exemplo, livres expressões das identidades sexuais, tentativas de autorrepressão da própria sexualidade e até mesmo comportamentos preconceituosos (físicos ou psicológicos) por parte de agressores, pois todos são fruto de um campo relacional, um contexto composto pelas forças complexas já mencionadas e pela descrição singular de cada situação observada. Nas palavras de Rodrigues (2013, p. 119): "Com uma metodologia que visa compreender descritivamente as situações únicas vividas, sempre tendo como ponto central o contexto no qual a situação emerge, e o foco no presente, Lewin ergueu as bases da sua teoria de campo".

Nesse contexto, percebi pessoas pansexuais buscando a internet como campo alternativo em função de ser aceitas de forma mais natural, parecendo agir dessa forma por perceberem que o campo real no qual estão inseridas pode não ser tão compreensivo quanto necessitariam:

> As comunidades na internet das quais eu faço parte são muito abertas sobre sexualidade, então eu pude falar sobre isso "casualmente" como uma forma de "sair do armário". Quanto aos poucos membros da minha família a quem eu contei, foi um tanto estranho e exigiu muita explicação (RR 25 – pansexual). (Gonel, 2013, p. 49, tradução nossa)

Percebem-se a seguir, na fala de W. (pessoa assexual), forças em seu campo tentando manter a forma hegemônica de performar a sexualidade, como também seu comportamento de resistência diante dessas forças, em possível função de afirmar sua identidade sexual:

> Também acho que não preciso recordar quão difícil é se conectar com pessoas por aí afora, principalmente quando elas, a todo mo-

> mento, ignoram a sua orientação e isso quando não tentam "corrigi-la", forçando você para outras pessoas, negando etc. [...] "É errado ficar sozinho", "é errado não ter amigos" etc. e tal. [...] Qual o problema de buscar se sentir completo por si só? Isso não deveria, na verdade, ser um padrão a ser seguido pelas outras pessoas? Afinal, se a pessoa está bem e psicologicamente estável sozinha, provavelmente irá fazer um melhor papel em grupo ou em relacionamentos, não? (WX 23 – assexual). (Santos, 2016, p. 67)

Em um terceiro trecho, um entrevistado afirma o que é ser gay no campo profissional no qual transita, parecendo mencionar um receio diante das pessoas que convivem com ele nesse ambiente, mesmo tendo um comportamento de autoafirmação: "Realmente [ser gay] é ser diferente, é o ponto fora da curva ainda, e as pessoas não esperam isso. Eu ainda tenho um certo receio, mesmo tendo um senso de me afirmar e sempre conviver bem com isso (Entrevistado 15 – gay)" (Ferreira, 2007, p. 49).

Sobre o mesmo contexto profissional, pessoas lésbicas também falam como sentem o campo de forma tóxica e/ou se sentem tratadas com dois pesos e duas medidas, além de citar que seu comportamento diante disso é não conseguir fazer nada a respeito:

> Falam tanto em política de diversidade aqui na empresa, mas minha companheira não tem os mesmo direitos que as mulheres dos meus amigos têm: plano de saúde, seguro, viagem-prêmio (Irene – Entrevistada 09 – lésbica). (Freitas e Irigaray, 2011, p. 635)
>
> O engraçado é que dois funcionários [...], sendo que um era uma mulher, abriram um discurso homofóbico e ninguém falou nada;

> aliás, nunca ninguém fala nada; algumas vezes entram no site de diversidade da empresa e ficam rindo dos viadinhos e das sapatonas [...] fico com raiva, mas não consigo falar nada (Lívia – Entrevistada 10 – lésbica). (*Ibidem*, p. 635)

Dessa forma, é nesse campo total que as necessidades do indivíduo emergirão. Em contato com o mundo e em relação com ele, buscaremos, como organismo, lidar com todas as adversidades a fim de alcançar as necessidades da melhor forma possível, fechando *Gestalten*[5] enquanto outras novas necessidades se abrem.

CICLO DE CONTATO: HIERARQUIA DE NECESSIDADES, INTERRUPÇÕES NO FLUXO DE CONTATO E FECHAMENTO DE *GESTALTEN*

O que de fato pode ser escolhido? Em uma perspectiva existencialista, a escolha é inerente ao ser humano. Mas o que coloco aqui em destaque é que não temos o controle sobre todas as coisas na relação organismo-mundo. Um exemplo objetivo é a fome: não temos controle sobre nosso organismo a ponto de aplacá-la apenas pelo simples fato de que não a queremos ali. O que é possível de ser feito é escolher como lidar com essa necessidade da melhor forma possível, apesar das condições adversas no campo. Podemos então atuar por meio da utilização de uma boa forma e de ajustamentos criativos para lidar com os fatos, mas não conseguiremos mudá-los. Tal processo é baseado numa visão organísmica: uma

5. *Gestalten* é o plural de Gestalt (forma ou configuração), termo alemão utilizado para se referir a um contexto específico e às partes que o compõem.

necessidade sempre implicará a relação entre o indivíduo e seu campo.

Segundo Zinker (2007), as necessidades que emergem da relação organismo-campo, como a fome, normalmente seguem um fluxo, um *continuum* de energia, pressionando por busca de realização por meio de um processo específico. Esse processo se inicia na retração do organismo (quando não há necessidade aparente), segue pela sensação (a vivência corporal da necessidade), flui através da presença/*awareness* (contato de boa qualidade com a necessidade, consigo mesmo e com o campo total que a envolve – percepção e reconhecimento), passa pela mobilização de energia (ação para busca de sua realização), novamente toca o contato – mas dessa vez o contato com o objeto da necessidade (estar realizando-a no momento presente) – e, finalmente, a retração (o fechamento, com a realização da necessidade de fato e a saciedade do organismo).

Compreendo que a sexualidade passa por esse ciclo de contato no sentido de que abre várias necessidades no organismo, as quais clamam por realização e fechamento. Acredito ainda que, assim como a fome, as necessidades baseadas no contexto da sexualidade não podem ser escolhidas. Obviamente, não estou querendo aqui comparar restritamente algo fisiológico a algo mais complexo no âmbito fisiológico/emocional/identitário como a sexualidade, mas é importante sublinhar que, segundo Bozman, Becker e Klein (*apud* Cardoso, 2008), a sexualidade se coloca em uma complexidade que não permite o controle de suas esferas. Cabe ao indivíduo então não modificá-la, mas optar por lidar com ela conforme as necessidades evocadas por seu organismo.

Considerando todo o contexto discriminatório/hetero-cisnormativo desse campo como gerador de dor de pessoas LGBTQI+, é possível compreender que há interrupções de contato que impedem a realização das necessidades sexuais (sejam físicas, afetivas ou expressões identitárias) de seu organismo.

Segundo Robine (2006, p. 62), o contato com o mundo pode ocorrer de forma que, ao tentar ajustar-se criativamente a ele, a pessoa encontre repressões que interrompam o fluir do ciclo de contato, o que pode desencadear um funcionamento neurótico (uma forma padronizada, cristalizada e não autêntica de agir no mundo):

> Quando o contato ocorre sob a forma de um "ajustamento criativo de um campo onde há material reprimido" (Perls, Hefferline e Goodman *apud* Robine, 2006), estamos então na presença de comportamentos neuróticos. O neurótico perde suas capacidades de orientação e de manipulação, seu sentir-perceber e/ou "ir para" e "pegar". Ele interrompe. Suspende. Cessa o intercâmbio organismo-ambiente.

Podemos pensar sobre essa perspectiva de cristalização do comportamento no trecho a seguir, no qual um homem fala sobre o que é ser gay. Ele menciona restrições que impôs a si mesmo em relação ao seu campo de trabalho e familiar, bem como explica por que (ou, gestalticamente falando, em função de que) age dessa forma no ambiente de trabalho.

> [Ser gay] é conviver com algumas restrições de expressão e liberdade. Eu diria que é até mesmo você, de certa forma, anular uma parte de você, uma vez que me impus uma série de restrições a

partir do momento que eu não dei visibilidade à minha homossexualidade, que eu não assumi isso para o trabalho e para a família. [...] Há muitos anos eu tinha um trabalho e quando meu superior percebeu ou teve a impressão de que eu era homossexual – eu acho que na verdade ele suspeitou –, ele me demitiu. Não ficou caracterizado que foi por isso, mas para mim a única explicação plausível, possível para essa situação, foi esse fato (Entrevistado 3 – gay). (Ferreira, 2007, p. 50-51)

Outros dois trechos exemplificam esse comportamento:

No meu caso, eu trabalho em uma sociedade de economia mista. Lá, o fato de eu falar publicamente da minha homossexualidade não me traz consequências diretas, imediatas e ostensivas. [...] Já se fosse um outro colega que trabalhasse numa padaria, numa loja, ou num outro lugar, ele simplesmente seria demitido. Assim também ocorre em algumas famílias, em que, ainda hoje, o adolescente ou aquele que depende dos pais, ao assumir a sua homossexualidade, simplesmente é posto no olho da rua, sem eira nem beira. Infelizmente isso ainda ocorre, tanto com gays quanto com lésbicas (Entrevistado 2 – gay). (*Ibidem*, p. 51)

No dia que eu fui pedir para incluir num plano de saúde o meu companheiro, o cara falou que não podia, que graças a Deus não podia e que ele não queria estar lá para ver sendo liberada a inclusão de parceiros do mesmo sexo no plano. E [...] você sabe que quando você vira as costas alguém está falando. É a discriminação, o preconceito mesmo. [...] já vivi [descriminação], sim. Você vê pessoas que dizem que aceitam e que respeitam e coisa e tal, mas que na hora do vamos ver pegam e fazem chacota, piada e coisa parecida (Entrevistado 10 – gay). (*Ibidem*, p. 85)

Outro entrevistado opina sobre esconder a sexualidade no ambiente de trabalho e fala das repercussões que isso poderia trazer:

> [...] uma coisa é você esconder um ato específico, um acontecimento, é esconder uma coisa que está no teu passado, um dia aconteceu e você se envergonha muito dela. Então você esconde aquele fato, tranca, nunca mais fala, e espera que ninguém descubra. Só isso já é capaz de te atormentar. Que dirá uma realidade que perdurará para o resto da sua vida! É algo presente, que acorda com você e vai dormir com você. Você não tem *break*, não tem – nos próximos dez minutos serei heterossexual. Então se eu estou o tempo todo vivendo isso, esconder essa realidade 24 horas por dia, sete dias por semana, é uma tarefa incúria, inglória e impossível de fazer. Então isso vai me causar um stress ou até uma tensão tão grande que certamente vai impactar no resultado do meu trabalho (Entrevistado 5 – gay). (*Ibidem*, p. 80)

O processo descrito dessa forma parece explicitar que não há a realização das necessidades organísmicas, o fechamento da Gestalt de forma genuína, o que vejo como contribuinte das dores psíquicas de pessoas LGBTQI+.

É preciso compreender que, nesse contexto, proteção e pertencimento sobem na hierarquia de necessidades e acabam se tornando mais importantes para o organismo que está em contato com a possível repressão, violência e/ou abandono no campo. Esse funcionamento inicialmente parece estar em função de manter a necessidade máxima humana, o existir, na sequência o pertencer, o sentir-se acolhido, entre outras; contudo, vai se perdendo nesse processo a identidade sexual genuína e abrindo espaço para uma vida de dor e angústia devido à impossibilidade de fechar/concluir/alcançar necessidades sexuais básicas e legítimas do organismo.

AS RELAÇÕES EU-TU E EU-ISSO COMO COMPREENSÕES DOS COMPORTAMENTOS DE PRECONCEITO

Podemos dizer que o preconceito se dá na relação entre as diferenças. Segundo Buber, existem duas formas de relacionamento: Eu-Tu e Eu-Isso. Sobre a primeira, ele traz o conceito de contemplação como abertura para o encontro, reciprocidade na presença genuína (o face a face), o próprio fenômeno puro, que é estar frente a frente com outro ser humano de uma forma livre de preconcepções, objetificação, explicação e padronização da existência.

Já sobre a relação Eu-Isso, o autor ressalta uma interação com o mundo das coisas inanimadas. Diz ainda que é necessário haver uma alternância entre a presença que simboliza a relação Eu-Tu e a objetividade da relação Eu-Isso, mas que o homem acaba por objetificar a relação humana atribuindo uma relação Eu-Isso a tudo e todos com quem defronta.

> O homem que se conformou com o mundo do Isso, como algo a ser experimentado e a ser utilizado, faz malograr a realização deste destino [o encontro e descoberta através da relação Eu-Tu]: em lugar de liberar o que está ligado a este mundo ele o reprime; em lugar de contemplá-lo ele o observa; em lugar de acolhê-lo serve-se dele. (Buber, 2001, p. 75)

Nesse sentido, concordo com Buber que, como sociedade, em vez de nos libertarmos para sermos mais autênticos, independentes de nossa sexualidade, reprimimos uns aos outros com um olhar objetificante e categorizante, o que por sua vez acaba por alimentar o preconceito.

O *SELF* COMO PROCESSO DE SAÚDE, AFIRMAÇÃO E PROTEÇÃO DA IDENTIDADE SEXUAL

O conceito de *self* é descrito por Robine (2006, p. 61) como um processo, um funcionamento diante do mundo:

> O *self*, tal como definido pela Gestalt-terapia, manifesta-se por meio de funções que são indissociáveis [...] umas podendo ser privilegiadas em relação às outras, dependendo do momento da experiência. Assim, aquilo que diz respeito a necessidades, apetites, instintos, desejos, virá fundamentalmente da "*função id*" do *self*. Aquilo que diz respeito às representações, isto é, a experiência anterior e o conhecimento de si, será designado pelo conceito de "*função personalidade*" do *self*. O engajamento desses dois modos de funcionamento do *self* na atividade atual, ou seja, sua atualização nas escolhas e rejeições, na experiência de contato organismo-ambiente, será gerada pelo *self* em sua "*função ego*" [que está ligada às ações ou mobilização de energia no campo].

Cabe também exemplificarmos a noção de saúde em Gestalt-terapia. Segundo Frazão (2010, p. 55),

> em Gestalt-terapia, concebemos saúde e doença como *processos* que favorecem ou dificultam o desenvolvimento do indivíduo, o

> qual, por sua vez, não se restringe a fases específicas, e sim a um processo de crescimento e transformação constante que ocorre ao longo de toda a existência humana. Desse modo, "saúde" e "doença" ou "funcionamento saudável" e "não saudável" são pensados dialeticamente, uma vez que um mesmo comportamento pode ser saudável ou não, dependendo de "a serviço do que" ele está.

É bastante curioso que os entrevistados na pesquisa de Gonel (2013, p. 36-59) mencionam sobre a identidade pansexual como abertura. Compreendo esse movimento do *self* pansexual como fluido, aberto a novidades, menos neurótico e, portanto, gestalticamente saudável. Nesse sentido, não afirmo que todos devem adotar a pansexualidade como orientação sexual, pois já foi dito aqui que a sexualidade não é controlável. O que aponto é que a postura de abertura e descristalização trazida por essa identidade pode ser vista como posicionamento fértil para um funcionamento psíquico mais genuíno e nutritivo, propiciando também afirmação e proteção das identidades sexuais dissidentes diante da forma como cada pessoa vê e exerce sua sexualidade em seu campo.

CONSIDERAÇÕES FINAIS

A sexualidade foi estudada inicialmente por um viés médico/biológico, observando-se apenas uma parte do processo e não seu todo. O preconceito e a discriminação para com as diversidades sexuais parecem derivar desse conceito antecedente, pois, quando se ouve dizer que "é errado dois homens ou duas mulheres estarem juntos" e que o "homem foi feito para a mulher" e vice-versa, tais discursos parecem embasar-se em uma teoria unicamente biológica e limitada.

É extremamente importante compreender no campo a totalidade/organísmica/holística da sexualidade por meio das partes que o compõem: machismo, sexismo, classicismo, teorias de gênero (cisnormatividade), heteronormatividade hegemônica, preconceito racial, preconceito sexual e, sobretudo, a heterocisnormatividade compulsória.

Embora aqui destacadas de forma simples, cada uma das esferas da sexualidade e de seus elementos corresponde a um aspecto profundo que compõe a sexualidade humana como um todo. Dessa forma, questiono-me nesse momento se é possível para o leitor compreender a complexidade que a orientação sexual traz em sua configuração e quanto seria árduo – ouso dizer impossível – manipular e definir de forma precisa e intencional todos esses elementos complexos.

Cabe a nós compreender que o controle não é possível. O que se faz possível é lidar com as necessidades emergidas no organismo, advindas da orientação sexual do sujeito, compreendendo o campo dessa pessoa de forma ampliada e percebendo que, a depender de quão intensas e repressivas as forças que reinam neste contexto possam ser – ressalva aqui para a violência física e psicológica –, pessoas LGBTQI+ tenderão a reprimir suas identidades sexuais, o que junto com outros fatores lhe causam imensa dor emocional.

Em vez de acolhermos o outro na diferença, julgamo-lo. Dizemos que ele é errado e o colocamos como capaz de escolher e agir "pelo que é certo", forçando as pessoas a uma heterocisnormatividade compulsória. Essa não pode mais ser nossa postura. Devemos, como sociedade e comunidade, promover saúde, reforçando que está tudo bem a existência de identidades sexuais dissidentes (heterossuporte), e, a partir disso, propiciar o fortalecimento dessas pessoas enquanto afirmam suas sexualidades para si mesmas (autossuporte).

Para isso, necessita-se refletir nossa evolução como sociedade e onde estamos cultivando as bases de nossas ações. Precisamos dar abertura a uma relação Eu-Tu como uma forma de minimizar o preconceito, independentemente de qual ordem seja. É necessário que haja mais presença, mais abertura, mais genuinidade e mais entrega, para que haja maior crescimento e desenvolvimento. Precisamos também de mais empatia e percepção da humanidade do outro que está à nossa frente. Precisamos confirmar (no sentido de validar) e acolher a diversidade das identidades sexuais, para que pessoas LGBTQI+ possam fluir livremente por suas necessidades e atuar como *self* genuinamente, sem interrupções no processo de autorrealização e saúde.

> [O indivíduo LGBTQI+] [...] é uma pessoa como você, é uma pessoa como outra qualquer, tem os mesmos direitos garantidos por lei, os mesmos deveres. Às vezes é uma pessoa amiga, tem alguma coisa a acrescentar na sua vida, mas que você não dá espaço por causa do preconceito. Você fica com o preconceito de ser visto com aquela pessoa, do que os outros vão pensar, de você estar com um homossexual. Você esquece que ela é uma pessoa como outra qualquer, que tem necessidades, desejos, vontades, que trabalha, que estuda, que vive como qualquer outra pessoa. A única diferença que ela tem é com relação à sexualidade [e/ou o gênero]. [...] (Entrevistado 12 – gay). (Ferreira, 2007, p. 95)

REFERÊNCIAS

Buber, M. *Eu e Tu*. São Paulo: Centauro, 2001.

Cardella, B. H. P. *O amor na relação terapêutica: uma visão gestáltica*. São Paulo: Summus, 1994.

Cardoso, C. L. "A face existencial da Gestalt-terapia". In: Frazão, L. M.; Fukumitsu, K. O. (orgs.). *Gestalt-terapia: fundamentos epistemológicos e influências filosóficas*. Coleção Gestalt-terapia: fundamentos e práticas, v. 1. São Paulo: Summus, 2013, p. 59-77.

Cardoso, F. L. "O conceito de orientação sexual na encruzilhada entre sexo, gênero e motricidade". *Interamerican Journal of Psychology*, v. 42, n. 1, Austin, 1. sem. 2008, p. 69-79.

Cavalcanti, C. D. *Visíveis e invisíveis: práticas e identidade bissexual*. Programa de Pós-Graduação em Sociologia, Universidade Federal de Pernambuco, Recife, 2007.

Dicio, Dicionário Online de Português. Educação, 2009-2019. Disponível em: <https://www.dicio.com.br/optar/>. Acesso em: 11 ago. 2018.

Elídio, H. "Teoria de campo". In: D'Acri, G.; Lima, P.; Orgler, S. (orgs.). *Dicionário de Gestalt-terapia – "Gestaltês"*. 2. ed. São Paulo: Summus, 2012, p. 224-27.

Ferreira, R. C. *O gay no ambiente de trabalho: análise dos efeitos de ser gay nas organizações contemporâneas*. Dissertação (Mestrado em Administração de Empresas), Universidade de Brasília, Faculdade de Economia, Administração, Contabilidade e Ciências da informação e Documentação (Face), Brasília, 2007.

Frazão, L. "Gestalt-terapia". In: Cytrynowicz, M. B. *et al. Psicoterapias: conheça as diferentes práticas clínicas e escolha*. v. 3. São Paulo: Duetto, 2010, p. 43-62.

Freitas, M. E. de; Irigaray, H. A. R. "Sexualidade e organizações: estudo sobre lésbicas no ambiente de trabalho". *Revista O&S*, v. 18, n. 59, Salvador, 2. sem. 2011, p. 625-41.

Gonel, A. H. "Pansexual identification in online communities: employing a collaborative queer method to study pansexuality". *Graduate Journal of Social Science*, v. 10, issue 1, 1. sem. 2013, p. 36-59.

Granúzzio, P. M. "Mulheres homossexuais e as relações vividas na escola: entre visibilidades e invisibilidades". *Revista Latino-Americana de Geografia e Gênero*, v. 3, n. 1, Ponta Grossa, 1. sem. 2012, p. 127-44.

Green, J. "'Mais amor e mais tesão': a construção de um movimento brasileiro de gays, lésbicas e travestis". *Cadernos Pagu*, n. 15, Campinas, 1. sem. 2015, p. 271-95.

Junqueira, R. D. "Currículo heteronormativo e cotidiano escolar homofóbico". *Revista Espaço do Currículo*, v. 2, n. 2, Paraíba, 1. sem. 2010, p. 208-30.

Lewis, E. S. "'Eu quero meu direito bissexual': a marginalização discursiva da diversidade sexual dentro do movimento LGBT e propostas para fomentar a sua aceitação". 3º Simpósio Nacional Discurso, Identidade e Sociedade. Campinas: Unicamp, 2012, p. 1-22.

LIMA, P. V. de A. "A Gestalt-terapia holística, organísmica e ecológica". In: FRAZÃO, L. M.; FUKUMITSU, K. O. (orgs.). *Gestalt-terapia: fundamentos epistemológicos e influências filosóficas*. Coleção Gestalt-terapia: fundamentos e práticas, v. 1. São Paulo: Summus, 2013, p. 145-56.

REIS, T. (org.). *Manual de comunicação LGBTI+*. Curitiba: Aliança Nacional LGBTI, 2018.

ROBINE, J.-M. *O self desdobrado: perspectiva de campo em Gestalt-terapia*. São Paulo: Summus, 2006.

RODRIGUES, H. E. "Relações entre a teoria de campo de Kurt Lewin e a Gestalt-terapia". In: FRAZÃO, L. M.; FUKUMITSU, K. O. (orgs.). *Gestalt-terapia: fundamentos epistemológicos e influências filosóficas*. Coleção Gestalt-terapia: fundamentos e práticas, v. 1. São Paulo: Summus, 2013, p. 114-44.

SANTOS, V. K. dos. *(As)sexualidades – Processo de subjetivação e resistência*. Programa de Pós-Graduação em Psicologia Clínica, Pontifícia Universidade Católica de São Paulo, São Paulo, 2016.

SHILLINGS, A. "Fronteira de contato". In: D'ACRI, G.; LIMA, P.; ORGLER, S. (orgs.). *Dicionário de Gestalt-terapia – "Gestaltês"*. 2. ed. São Paulo: Summus, 2012, p. 122-23.

ZINKER, J. *Processo criativo em Gestalt-terapia*. 2. ed. São Paulo: Summus, 2007.

7
Masculinidade e Gestalt-terapia: Esparta e a contemporaneidade

BRUNO ANTÔNIO DE LIMA NOGUEIRA

Em Gestalt-terapia, o foco de trabalho e a compreensão de humano são intimamente ligados ao aqui e agora. O indivíduo é entendido como sua consciência e a consciência, como a relação indivíduo/ambiente, em que um não existe sem o outro: o homem só existe em relação a alguma coisa, enquanto o ambiente só existe enquanto o indivíduo o experimenta, naquele momento.

Campo, em Gestalt-terapia, refere-se à totalidade dos elementos vividos naquele momento, em termos tanto de percepções e sensações que passam diretamente por sua consciência, constituindo e interagindo com seu fundo, quanto de elementos do ambiente e/ou do indivíduo que vão se formando figura. Figura e fundo designam a forma de funcionamento da consciência: elementos históricos, memórias, sensações formam o contexto, o pano de fundo sobre o qual a figura, elemento vivo, imagem nítida da consciência, se apresenta como expressão, necessidade, elemento, e constituem assim a consciência como fluxo que é, consciência em existência, fronteira de contato, o *self* propriamente dito. Nesse ponto de vista, o campo e o campo psicológico do homem são um constante fluxo/interação entre elementos de seu passado psicológico no presente, de seu futuro psicológico no presente e da relação indivíduo-ambiente presente que perpassa constituindo tanto elementos de fundo quanto figuras. Um importante constituidor do campo psicológico, sempre presente no campo da relação psicoterapêutica, é a experiência de gênero e entre os gêneros na masculinidade (Lewin, 1965; Frazão e Fukumitsu, 2014).

Gênero, em sua conceituação contemporânea, extrapola a definição anatômica que diferencia o masculino e o feminino para compreender que esses conceitos são construções sociais, os quais Mead denominou "condicionamento das personalidades sociais dos dois sexos". Essa compreensão permite perceber que, independentemente da expressão biológica que definiria um e outro sexo, há um condicionamento, uma escolha padronizada e prévia por meio da qual se estimula e se espera que homens e mulheres respondam e se comportem em relação ao ambiente, em suas masculinidades e feminilidades. Esses são verdadeiros estereótipos dos grupos do ponto de vista sexual, que aparecem no campo indivíduo-ambiente desde seu nascimento e se propagam por toda a vida, e que marcam a existência/expressão do *self* (Mead, 1969; Muszkat, 2018).

A produção e reprodução desse conceito acontecem desde o mais remoto princípio existencial do ser humano. Pais grávidos se perguntam e são questionados: "É menino ou menina? De qual cor vocês vão pintar o quarto? Dará roupas de cores masculinas e femininas, fazendo diferença entre elas nesse sentido, ou usará quaisquer cores?" Quando é possível ver o órgão genital por meio de um exame de ultrassom gestacional, há uma primeira definição/vivência sobre a qual se assentarão os próximos comportamentos e expectativas do mundo e dos pais: meninas ganharão bonecas, adereços, saias, brincos e roupas de variados tipos, cortes e tamanhos, enquanto meninos ganharão bermudas, calças, camisetas e blusas. Meninos talvez ganhem uma bola, seus pais talvez já falem em namoradas e disputa-se o time para o qual irá torcer.

Quando nascemos, o mesmo continua acontecendo em termos de gênero. Já nos primeiros anos de vida, meninos que choram podem ser vistos como chorões ou irritados, com maior propensão de os cuidadores lançarem mão de que o menino "engula" seu afeto ou necessidade e dê conta de si mesmo quanto antes, demonstrando a "masculinidade" que possui. A suficiência, o bastar-se, o dar conta de si mesmo são imediatamente vistos como valores masculinos, amparam os pais em seu cansaço e dificuldades e vinculam a masculinidade com o isolamento e a constrição dos afetos, com menor acesso e expressão das necessidades e percepções. Embora meninos e meninas possam ser tratados de forma mais masculina, a presença da ideia de uma menina traz aos pais elementos de maior espaço para a afetividade e o amparo do bebê, para a comunicabilidade e a expressividade de necessidades e afetos. Imediatamente o bebê é colocado em comunicação e em troca afetiva com mais abertura e disponibilidade, uma vez que isso se respalda na menina que se vê/experimenta. Meninos, portanto, se desenvolvem, só por serem meninos do ponto de vista biológico, em um meio mais fechado, menos aberto à expressão dos afetos e à comunicação, mais facilmente exposto ao dar conta de si mesmo, ao "chega de chorar, pronto, acabou". Essa frase é a concreta presença da masculinidade que reprime suas necessidades e as transforma em agressividade e/ou aos poucos em uma visão heroica de si mesmo. Não precisam estar bonitos, usam o que tiverem, comem o que aparecer. São estoicos, precisam aprender a se virar e ser resistentes.

O título deste capítulo remete ao histórico ocidental da Grécia Antiga, constituinte de nosso campo psicológico: Esparta, a grande cidade militar, tinha os melhores guerreiros de todos os tempos, entre eles os 300 que pararam a invasão do imenso exército persa, os grandes homens, os grandes heróis. Diz-se que em Esparta os meninos, tão logo faziam 6 ou 7 anos, eram "retirados" da mãe para viver com outros meninos e com os demais guerreiros e tutores, e que a primeira provação pela qual passavam era ser abandonados no meio da floresta para sobreviver por alguns dias. É a plena vivência do abandono, da contenção dos afetos e das necessidades emocionais, do virar-se sozinho a qualquer custo, inclusive pelo uso da violência, se necessário (diz-se que nessa etapa, em Esparta, os meninos chegavam a roubar para comer, quando conseguiam encontrar o caminho para a cidade. No entanto, eram agredidos caso fossem pegos). Dependem dessa capacidade não apenas a sobrevivência, mas o próprio reconhecimento como homem, como parte do grupo, como espartano. Ou se é imediatamente esse herói, ou não se é nada. Em parte, o "chega de chorar, pronto, acabou" repercute esta mesma vivência do masculino: reprima-se, se vire, e será aceito (Snyder, 2007).

Não obstante essa condição básica a que é exposto diretamente no contato com o outro durante seu desenvolvimento, o menino ainda tem a exposição sobretudo entre a idade pré-

-escolar e a adolescência (e, de alguma forma, até depois disso) ao modelo dos super-heróis: passa anos brincando, lendo, ouvindo e sendo personagens como Homem-Aranha, Super-Homem, Batman e outros, como guerreiros, príncipes, conquistadores, que, por mais que hoje sejam montados com maior propensão à humanidade e à sua pertencente presença de defeitos, ainda são modelos de poucas necessidades afetivas, voltadas para um objetivo grandioso, que sempre tendem a reprimir-se em prol de algo maior, superando a dor e ultrapassando quaisquer outras necessidades pessoais. São aqueles sempre dispostos a tudo e que não precisam de nada, ou se abstêm da necessidade. Ben, tio do Homem-Aranha, tem uma célebre frase: "Com grandes poderes vêm grandes responsabilidades". Ele exorta, assim, que, quanto mais se acredita na própria capacidade, maior o imperativo de se voltar esse poder e maior a capacidade para a coletividade. Peter Parker, o Homem-Aranha, então, continuamente abandona seu cotidiano e suas pessoas amadas – no caso, Mary Jane e Tia May –, seus desejos e necessidades pessoais, e vai arriscar-se a defender Nova York. O mesmo acontece com Batman, condenado à solidão, sem outra saída para viver a própria vida após a morte violenta dos pais além daquela de combater o crime. Da mesma forma, o Super-Homem deixa Lois Lane para voar pelos céus e salvar o dia, preso à sua própria capacidade, voltando à sua sina, condenado e atado a essa identidade de capacidade e responsabilidade pelo coletivo. A frase do filósofo Francis Bacon "Se sou visto, logo existo" estimula a necessidade de reconhecimento e integração grupal presente no humano. Nesse sentido, integrar-se, tornar-se parte do grupo, e também ter sua masculinidade aceita, masculinidade essa definida como esse herói sem necessidades, tornam-se ações paradigmáticas e de suma importância, mas podem, porém, acarretar profundas consequências ao desenvolvimento do homem.

A crença na própria capacidade, nesse heroísmo e nesse espírito voltado ao prover, ao defender e ao grupo ao qual pertence, isolando a percepção de suas necessidades e emoções, relaciona-se a consequências como a de que homens têm maior propensão a não procurar serviços de saúde, mesmo em condições muito adversas, e maiores chances de não manter os tratamentos preconizados, seja adiando-os ou abandonando-os. Homens morrem mais cedo, estão mais envolvidos em situações de violência e são mais vítimas e perpetradores de violências. Homens têm mais problemas com álcool e outras drogas, meios pelos quais provavelmente tentam lidar com seus sentimentos. Fora do ambiente de trabalho e realizações, em geral são vistos de maneira estereotipada e com diversões estereotipadas, envolvendo álcool, sexo e descuido pessoal. Sua entrada em atividades mais "femininas", como o cuidado dos filhos, é sempre vista com resguardo, numa aura e desconfiança e até mesmo com potencial à irresponsabilidade. Homens desempregados e/ou aposentados que ficam em casa são vistos como "folgados", e quando eventualmente participam de alguma tarefa doméstica "não sabem fazer", "só atrapalham". A masculinidade se desenvolve sem repertório emocional, condicionada a exercer tarefas provedoras e de grandes realizações fora do ambiente domiciliar. O esporte torna-se um objeto de superação pessoal ou um "futebol com os caras"; a pescaria se torna "programa besta que não entendo"; a televisão o torna Homer Simpson, estereótipo do homem sem profundidade, sem desejos, propenso ao álcool e estúpido. A masculinidade fica, de um lado, entre o herói político voltado à coletividade e o trabalhador escravo de sua capacidade de trabalho, e, de outro, sendo o desocupado do sofá ou o alcoolista do bar ou de casa (Silverman, 2007).

Entretanto, a masculinidade em si não é inteiramente um problema e só carrega consequências negativas. Na Gestalt-terapia, entende-se que o humano é constituído de polaridades, sem as quais cada visão e característica individual não existem e não podem ser reconhecidas. Ao mesmo tempo, cada característica, cada posição e cada conformação de humano têm uma função e, portanto, além de ter sido muito importante no primeiro momento em que aparece na existência do indivíduo, continua sendo importante todas as vezes que ele necessita lançar mão dela, sobretudo quando não está preparado para outros tipos de resposta ao ambiente e à suas necessidades que incluam maior espaço para mais polaridades, visões sobre si e sobre o mundo e respostas de melhor troca com o ambiente. As polaridades são as facetas, não exatamente opostas, mas contraposições entre sensações e experiências do indivíduo que amplificam e esclarecem de maneira melhor os polos entre si. As polaridades implicam que na mente humana as sensações, experiências e definições só existem na condição de existência de um contraponto que lhe dá sentido, limites e concretude (Frazão, 2014).

A polaridade da masculinidade é importante como ousadia, como sublimação dos afetos em função de um ganho maior para um conjunto maior de indivíduos. É importante como forma de lidar e rever as próprias dores, permitindo-nos sair da vivência delas para formarmos novas figuras ou mesmo para nos reformularmos à luz das perdas e sermos apesar delas. É um momento de contato com a força do corpo, da mente e talvez até mesmo com a invencibilidade, com a esperança de deixar sua pessoalidade de lado em função do conjunto, em função do outro, de uma vitória, de algo maior, ou mesmo em relação a algo sobre o que não se tem controle, mas diante do qual não se esmorece. Possíveis consequências negativas à parte, o heroísmo acerca de si mesmo é uma característica importante, nobre e profundamente humana. Perls, em *Ego, fome e agressão* (2002), já chamava a atenção para a importância construtiva da capacidade humana de "agredir", no sentido da força de ação do indivíduo no mundo. Para Perls, um exemplo dessa ação era a fome e o alimentar-se, alimentar-se visto como ato de "agredir" o alimento, rasgando e separando-o em pedaços que, aí sim, podem ser assimilados e nutritivos. O humano depende também dessa força decisória, dessa propensão ao risco, dessa agressividade, dessa profunda crença em recursos próprios para enfrentar/estar com o desconhecido, com o novo, com a ameaça, dessa força conquistadora e produtora de esperança, com esse espírito pelas realizações e conquistas, às vezes pelo coletivo, às vezes pelo sacrifício (Perls, 2002).

Importante ressaltar que a compreensão de masculinidade aqui não se relaciona exclusivamente com o gênero masculino. Ela está presente em homens, mulheres e qualquer constituinte de gênero LGBTQI+. Masculinidade aqui é expressão que procura definir algo do humano, que aparece em qualquer um, em maior ou menor proporção, e cuja falta acarreta uma quebra de equilíbrio e autorregulação, e até mesmo uma perda existencial. Sem essa faceta, podemos, na polaridade oposta, tender à aversão ao risco, à hiperproteção de nós mesmos, não tomando posse do espírito de sublimação de si em função de algo maior para si e para todos, resultando na hipoplasia da ideia de liderança, de tomada de decisão, de experimentação, de crença em si mesmo e de esperança. No homem, porém, essa masculinidade pode, sim, aparecer de forma mais intensa e proeminente, muitas vezes até de maneira exagerada, estereotipada e estranguladora, como vimos.

Os estudos sobre a masculinidade vêm crescendo desde meados do século 20 e contemplaram inicialmente um aprofundamento da compreensão do masculino que não fosse o oposto do feminino, mas sim um construto específico. Nesse sentido, o que chamamos de masculinidade tem que ver com expectativas de força e coragem, e costuma estar associado à resistência à dor e ao heroísmo. A norma tradicional do masculino dá ênfase à competição, ao *status*, ao estoicismo emocional e à dureza. Brannon, em seu trabalho de 1976, identificou quatro princípios definidores do papel do masculino: homens não podem ser femininos (*no sissy stuff*), devem esforçar-se para ser respeitados por suas realizações (*the big wheel*), não devem demonstrar fraqueza (*the sturdy oak*) e devem buscar arriscar-se, incluindo aí a violência, se necessário (*give them hell*) (Brannon e David, 1976; Stellmann, 2007).

Homens de maneira geral e indivíduos com maior proeminência da masculinidade tendem a procurar menos a psicoterapia ou a não perseverar nela. Um paciente de cerca de 65 anos, profissional de comunicação de uma grande empresa automobilística, em fase de aposentadoria, procurou-me devido à insônia, ansiedade, pensamento acelerado e raiva dos chefes, da empresa e por estar se desligando do trabalho. Logo depois de sentir-se melhor de sua condição de insônia, e tendo percebido uma nova função que poderia fomentar (uma coluna pessoal sobre automobilismo que ele mantinha há algum tempo), deixou o tratamento de lado e, com ele, a possibilidade de cuidar de seu evidente fetichismo, de sua dificuldade com as filhas mulheres, que ele eventualmente sabotava em relação às suas conquistas pessoais e profissionais, e de sua péssima relação marital. Um médico neurologista veio apenas uma vez, contando não conseguir se segurar em relação a relações extraconjugais e que temia um novo rompimento, agora com a atual companheira. Quando comentei da importância da psicoterapia e de que apenas medicação não me parecia suficiente para ajudá-lo (ele tinha evidentes questões sobre a sexualidade e a necessidade de se mostrar potente o tempo todo em outros aspectos de sua vida também), ele não veio mais a nenhuma consulta, independentemente de ter se sentido bem conversando comigo.

Outro paciente, vítima de uma queda de moto que teve uma lesão alta na cervical e quase ficou tetraplégico, andava robotizado e vagaroso, perdera a capacidade de controle da bexiga e não tinha mais ereção. Triste, porém de semblante também resignado, trabalhava duro no escritório de sua empresa e, anos depois desse acidente, e na condição de casa-trabalho-trabalho-casa, começou a ter crises de pânico. Tinha raiva de existir daquela forma, mas não se permitia ter essa emoção, pois se sentia obrigado a estar grato por continuar vivo. Não aceitava vir toda semana, vinha no máximo a cada 15 dias, sempre questionando por que precisava vir, se já não tinha mais crises de ansiedade: "Não vou me matar, tenho de trabalhar e é só isso".

O não contato com o feminino, a não demonstração de fraqueza sugerida por Brannon, tende a aparecer como o não contato com os afetos e sensações e com a não aceitação de cuidado. A masculinidade pode tender a respostas como "está tudo bem", defletindo sobre seus estados emocionais, retirando energia do contato. A deflexão é um mecanismo de defesa que tira energia do contato com o ambiente, com os afetos e com as figuras, desviando a consciência para outros objetos e necessidades, esquivando-se de emoções e sensações em relação às quais não se tem autossuporte para viver. Assumir suas fragilidades é então uma ameaça à masculinidade.

Protegendo-se dessa forma, a masculinidade pode nesse momento externalizar feitos e conquistas – conforme Brannon e David (1976) propuseram, é a parte "*the big wheel*" das realizações da masculinidade – ou analisar elementos externos cartesianamente, tendendo a um aprendizado muito rígido e catalogável, repetitivo e simplificado, fruto de uma simbolização e vivência dos afetos muito precárias e rudimentares. Um engenheiro de cerca de 35 anos me procurou por intensas crises de ansiedade e dificuldades com o pai, que era seu chefe na empresa da família, e com os outros sócios. Sistematicamente e no primeiro ano da terapia, ele tentava desenhar no ar as "caixinhas" de assuntos que queria abordar. Até hoje, trata o encontro terapêutico como um lugar onde pode "ver as coisas por outros ângulos que ele não consegue ver sozinho".

Tudo isso pode ser um momento de risco na psicoterapia, na formação de vínculo e no cuidado do paciente. Do ponto de vista deste, pode haver uma manutenção da não integração dos afetos à experiência e, com isso, uma mecanização de sua presença no mundo, talvez algo reenergizado agora por ter sido ouvido pelo psicoterapeuta. O paciente pode perceber que "aprendeu" algo, ou sentir-se minimamente aliviado pela escuta e retirar-se da psicoterapia. Pode, por outro lado, sentir-se num espaço sem função, acreditando não ter sentido estar-se abrindo e mostrando suas fragilidades e afetos, perdendo sua masculinidade e sua identidade, encerrando assim a psicoterapia.

Do ponto de vista do psicoterapeuta, a masculinidade pode se apresentar sobretudo nos comportamentos que a mantêm, introjetados na experiência social desta. Nesse sentido, ela pode funcionar como um somatizador, manifestando-se como dores crônicas e inespecíficas, numa longa jornada de energização da necessidade desprendida de sua sensação. A masculinidade tem jornada semelhante em termos de trabalho à alexitimia. Ela é em essência podada de sua experiência com a sensação e a necessidade e exige, quanto mais cristalizada, como no somatizador, uma reedição muito paulatina e paciente desse indivíduo com seus afetos.

Por outro lado, a alexitimia da masculinidade é mais complexa e instável pois é atrelada à identidade, à sexualidade e ligada ao não reconhecimento dos afetos e necessidades, à dureza e à não demonstração de fraqueza e sentimentos. Nesse sentido é quase o oposto do somatizador: a dor atrai este para o contato com o sistema de saúde e com o tratamento, mesmo que possa ser um desafio o reconhecimento mínimo pelo indivíduo de que suas expressões físicas são expressões emocionais e não exclusivamente disfunções orgânicas. Tendo em vista que a ligação entre dor e exposição ao tratamento tem um forte sentido, a tendência à ruptura da relação terapêutica tende a ser menor pelo somatizador do que na masculinidade. Nesta o contato com os afetos pode ser o mesmo que a desintegração, o desaparecimento, a perda de uma essência central do ser. Portanto, pode ser muito mais ameaçadora. O "não chegar logo ao ponto" que o psicoterapeuta pode viver em relação ao paciente é justamente exigir que a masculinidade salte sobre sua alexitimia, imediatamente capaz de nomear e experienciar seus afetos e assumir suas fragilidades.

Outro fator que faz que o psicoterapeuta retroalimente uma masculinidade precária é a forma como ele lida com a chegada e, por vezes, a desistência precoce do paciente. Quando não adaptamos o contrato terapêutico para a presença da masculinidade ou quando entendemos que a saída precoce da psicoterapia é apenas a indisponibilidade do indivíduo para o tratamento naquele momento, podemos estar reforçando sua masculinidade e afastando-o de seu autocuidado, autoconhecimento e desenvolvimento. Além de dar-se conta da presença dessa masculinidade no campo, o psicoterapeuta poderia expressar no contrato terapêutico a presença dessa força apartadora do contato e, com ela, da possibilidade de uma desistência precoce, de forma que o problema, agora evidenciado, perca sua força.

Na contemporaneidade, a masculinidade pode, então, passar a ser e estar espartano quando necessário, e não estar provando ser Esparta o tempo todo.

REFERÊNCIAS

Brannon, R.; David, D. S. *The forty nine percent majority: the male sex role*. Massachusetts: Addison-Wesley Publishing Company, 1976.

Frazão, L. M.; Fukumitsu, K. O. (orgs.). *Gestalt-terapia: conceitos fundamentais*. Coleção Gestalt-terapia: fundamentos e práticas, v. 2. São Paulo: Summus, 2014.

Lewin, K. *Teoria de campo em ciência social*. São Paulo: Pioneira, 1965.

Mead, M. *Sexo e temperamento*. São Paulo: Perspectiva,1969.

Muszkat, M. E. *O homem subjugado: o dilema das masculinidades no mundo contempor***âneo**. São Paulo: Summus, 2018.

Perls, F. S. *Ego, fome e agressão*. São Paulo: Summus, 2002.

Portal Educação. "Teoria de campo". s/d. Disponível em: <https://www.portaleducacao.com.br/conteudo/artigos/psicologia/teoria-de-campo/23635>. Acesso em: 6 fev. 2019.

Rodrigues, A. *et al*. "Reflexões críticas sobre o construto da alexitimia". *Revista SBPH*, v. 17 n. 1, Rio de Janeiro, jan./jul. 2014.

Stellmann, R. *A masculinidade na clínica*. Dissertação (mestrado em Psicologia Clínica), Pontifícia Universidade Católica, Rio de Janeiro, 2007.

Silverman, D. *et al*. *Os Simpsons: o filme*. Estados Unidos da América, 21 jul. 2007.

Snyder, Z. *300*. Warner Bros. Virtual Studios, Legendary Pictures. Estados Unidos da América, 9 mar. 2007.

8 Os desafios de longeviver na sociedade atual

KLEITON GOMES PEIXE

INTRODUÇÃO

Meu interesse pelo estudo do envelhecimento existe desde a graduação – mais precisamente, desde 2010, quando realizei um trabalho cujo público-alvo eram idosos residentes de uma instituição de longa permanência, onde atualmente trabalho como psicólogo. Após concluir minha graduação, fiz um curso de extensão em Gerontologia Social na Pontifícia Universidade Católica de São Paulo (PUC-SP), fato que aguçou ainda mais minhas inquietações sobre como se davam as (múltiplas) vivências das pessoas idosas nesse contexto contemporâneo.

Minha motivação para desenvolver este capítulo está associada ao desejo de aprofundar conhecimentos em relação à velhice, seus mitos, conceitos e preconceitos que permeiam essa fase do desenvolvimento humano estereotipada pela sociedade e, muitas vezes, pelo próprio sujeito envelhescente. Entender como esse processo ocorre é dar-se conta dos processos de atualização dos ajustamentos criativos, diante do contexto sociocultural que nos rodeia.

É necessária uma ressignificação desse padrão que atrela a velhice somente à finitude, como ponto de chegada de um ciclo vital no qual nada pode ser feito, no qual o sujeito é mero expectador de sua existência, e não um ator principal.

A fundamentação teórica aqui utilizada está embasada na abordagem gestáltica. O trabalho será desenvolvido em três partes. Na primeira serão abordadas reflexões a respeito da velhice no contexto sócio-histórico. A segunda trará reflexões sobre o envelhecimento na contemporaneidade e a pressão pela não aceitação de sua nova configuração corporal. E, finalmente, na terceira, serão expostos as bases filosóficas e os aspectos teóricos que considerei relevantes da Gestalt-terapia para a descrição do enfrentamento e concepção dessa "nova velhice", compreendendo o envelhecimento no âmbito biopsicossocial e a necessidade de uma visão integral e holística desse processo.

ENVELHECIMENTO

Conceber uma ideia sobre a velhice é, pessoalmente falando, um processo difícil porque, como não é algo que nos é dado naturalmente, não sabemos exatamente o dia e a hora em que ela chegará. Apesar de ser uma construção social e multicultural, os indivíduos passam por esse processo também de forma heterogênea, independentemente do meio cultural em que vivem. Sendo assim, não existe uma velhice, mas inúmeras (Minayo e Coimbra Jr., 2002).

Não é de agora que as sociedades estudam a velhice e o que pensam a seu respeito. Em seu estudo, Lemos *et al.* (2001)

relatam os tempos dos babilônios, dos hebreus, da Grécia Antiga, entre outros, que conferiram significados e entendimentos a esse processo.

Para os povos babilônicos, sempre estiveram presentes a questão da imortalidade e da forma de manter a juventude. Na Grécia clássica, os velhos eram menosprezados e colocados em posição de submissão, enquanto, ao contrário, a força e a jovialidade da juventude eram exaltadas. Contudo, Platão expôs uma nova visão, a de que a "velhice conduziria a uma melhor harmonia, prudência, sensatez, astúcia e juízo". Os romanos e sua sociedade viam os velhos como privilegiados, concedendo-lhes a autoridade de *Pater familias*. Nas culturas inca e asteca, a população anciã era tratada com muita consideração (Lemos *et al.*, 2001).

A perspectiva da importância que os anciãos tinham perante a sociedade foi mudando com o início da queda do Império Romano, onde se tornaram "vítimas da superioridade juvenil". Os autores afirmam que, "em termos gerais, a etapa do Cristianismo apresentou uma visão negativa da velhice (Lemos *et al.*, 2001, p. 3).

A concepção moderna de isolamento dos velhos em retiros remonta ao século 6, quando se identificou a velhice com a cessação das atividades. Durante o período do Renascimento, manteve-se a ideia da "inevitável decrepitude e do caráter melancólico da velhice". Porém, segundo Lemos *et al.* (2001, p. 3):

> O século XVI se caracterizou por uma violência e um ataque contra a velhice, como consequência da adoração e culto da beleza e juventude. William Shakespeare personificou vários aspectos da velhice, como em "Rei Lear". Erasmo de Roterdã, em sua obra

"Elogio da Loucura", concebia a velhice como uma carga e a morte como necessária. Ele considerava que a loucura era o único remédio contra a velhice.

Nos séculos 16 e 17 o pensamento científico trouxe novas formas de analisar a velhice, destacando a observação, a experimentação e a verificação para descobrir as suas causas. As primeiras aproximações científicas sobre o assunto, segundo Pinheiro Júnior (2005), aparecem no século 16, quando Bacon e Descartes manifestaram interesse em estudar particularidades pertinentes ao envelhecimento. Contudo, o primeiro trabalho científico apresentado sobre a velhice foi do médico francês Jean Marie Charcot, em 1867, intitulado "Estudo clínico sobre a senilidade e doenças crônicas", que visava analisar o processo de envelhecer, assim como suas causas e consequências no organismo.

Ainda que tenham existido alterações na forma de compreender o processo de envelhecimento, seguiam atrelados significados construídos nas relações sociais pautados na trajetória histórica, associados à ideia de que há uma inevitável degeneração na forma de viver, sendo a velhice somente uma última etapa da vida e a morte, sua sucessora.

> A palavra velhice é carregada de significados como inquietude, fragilidade, angústia. O envelhecimento é um processo que está rodeado de muitas concepções falsas, temores, crenças e mitos. A imagem que se tem da velhice mediante diversas fontes históricas varia de cultura em cultura, de tempo em tempo e de lugar em lugar. Esta imagem reafirma que não existe uma concepção única ou definitiva da velhice, mas sim concepções incertas, opostas e variadas através da história. (Lemos *et al.*, 2001, p. 2)

A partir da primeira metade do século 20, nas sociedades ocidentais europeias, com o crescimento do raciocínio das relações de produção capitalista, a velhice era expressa de forma estigmatizada, pois era associada à decadência e à improdutividade, além de se referenciar às pessoas da classe trabalhadora empobrecida e às políticas de institucionalização e isolamento social dos velhos em asilos. Entretanto, mudanças sociopolíticas ocorridas sobretudo a partir da segunda metade do século 20 resultaram em modificações na representação social da velhice: emerge a noção de "idoso" e "terceira idade" (Peixoto, 1998; Debert, 1998).

Quando resolvemos falar sobre velhice, é imprescindível olhar o contexto que a circunda e suas múltiplas determinações no que diz respeito à demografia (expectativa de vida, dados econômicos, sociais e sobre saúde etc.), considerando também as perdas e fragilidades biológicas, sociais, no trabalho e em outros contextos – amigos, entre gerações, cultural etc. Segundo Faleiros (2014), verificou-se o início da mudança demográfica brasileira a partir da segunda metade do século 20. Na primeira década do século 21, observou-se a redução da taxa de fecundidade, bem como o aumento da população idosa. Baseado nos dados do Instituto Brasileiro de Geografia e Estatística (IBGE) de 2011, verifica-se que:

> A taxa de fecundidade total, que mede o número médio de filhos nascidos vivos que uma mulher teria ao fim de seu período reprodutivo, era de 1,95 filho por mulher, o que se relaciona com a escolaridade, a urbanização e a inserção da mulher no mercado de trabalho. (Faleiros, 2014, p. 8)

Caramano (2014) explica que a diminuição da mortalidade infantil, iniciada ao final da Segunda Guerra Mundial, somada à alta fecundidade, contribuiu para o grande crescimento populacional entre as décadas de 1950 e 1970. Como resultado, tivemos o aumento da população muito jovem. "Esse período foi chamado de Baby Boom e trouxe preocupações generalizadas quanto à possibilidade de uma explosão demográfica. O Brasil, na época, era um país jovem e de jovens" (p. 15).

Porém, em meados dos anos 1970, houve uma queda da fecundidade e, consequentemente, do uso da pílula anticoncepcional, o que, simultaneamente com a contínua redução da mortalidade, favoreceu o início do aumento da população idosa.

A autora ainda salienta que esses dois processos ocorreram em um curto espaço de tempo e, concomitantemente, em quase todos os países em desenvolvimento. De acordo com ela, os últimos estudos demográficos preveem que o processo de declínio da fecundidade, bem como o da mortalidade, continue até metade do século 21, sendo desconhecido seu limite. Ela ainda acredita que esses níveis de fecundidade muito baixos denunciam importantes mudanças sociais futuras e têm se tornado um aspecto estrutural do mundo pós-moderno. Resumindo: menos gente nascendo e mais gente vivendo mais.

A previsão é de que o grupo de idosos apresente progressivas taxas de crescimento nas próximas décadas. No ano de 2010 havia cerca de 10 milhões de pessoas com 60 anos de idade ou mais. Além disso, os estudos prenunciam que esse número triplique até 2050, podendo ocorrer um acréscimo de 47,5 milhões de pessoas nessa categoria, assim como o aumento de idosos com 80 anos ou mais:

> Por sua vez, a população idosa também tende a envelhecer, ou seja, cresce mais o contingente muito idoso (80 anos ou mais). Este deverá quadruplicar no período da projeção, passando de cerca de 3 milhões em 2010 para aproximadamente 13 milhões em 2050. Poderá vir a constituir quase 20% da população idosa no final do período da projeção; 2010 foi responsável por 14,3% da população idosa. Isso é resultado da redução da mortalidade nas idades avançadas. (Camarano, 2014, p. 195)

Em 2011, havia 23,5 milhões de pessoas com 60 anos ou mais, um aumento de 34% em relação a 2001. Nessa época, pessoas com idade de 80 anos ou mais representavam 1,7% – cerca de 3,3 milhões de pessoas.

Segundo Faleiros (2014, p. 8), o Brasil não possui mais uma população jovem e se aproxima "do perfil populacional de países europeus, que levaram muito mais tempo para se chegar a ele". Essa transição demográfica é um processo no qual estão interligados múltiplos aspectos, conjunturais e estruturais.

ENVELHECER NA CONTEMPORANEIDADE

Como já explanado anteriormente, conteúdos relacionados ao envelhecimento vêm ganhando maior notoriedade nos mais diferentes campos em virtude do aumento expressivo da população com idade avançada e das diversas questões que tal fato gerará à sociedade. Essa transformação na estrutura etária brasileira e mundial tem exigido uma revisão dos estereótipos comumente associados à velhice.

Percebe-se que no imaginário social a velhice está associada a perdas, estas que levam a grandes rupturas e, muitas vezes, ao distanciamento dessa população nessa etapa da vida, em que impera a imagem negativa de ser velho. Tais concepções negativas associadas a essa fase, quase sempre incumbidas de um olhar de vulnerabilidade, de certa forma tiveram sua importância para conquistas de alguns direitos sociais, como a aposentadoria. Contudo, hoje essa visão baseada no olhar do vulnerável e frágil não se sustenta mais.

Desse modo, o emprego de uma nova interpretação sobre as pessoas com idade mais avançada, associado à produtividade, vem compondo os novos discursos sobre a velhice na atualidade. Juntos com essa transformação, novos estilos de vida estão sendo propostos, resultando em uma nova perspectiva e imagem de uma velhice possível, ou melhor, de velhices possíveis.

Segundo Maia (2008), há um "novo" modo de "ser velho" totalmente diferente das imagens que frequentemente eram relacionadas à última etapa do curso da vida: a de que, no contexto atual, só é velho quem quer. Essa nova perspectiva favorece uma recodificação da experiência de envelhecer na sociedade contemporânea.

Contudo, nessa circunstância, há uma abertura de espaço para a propagação de métodos contra a deterioração e decadência do corpo, numa tentativa de postergar ou, até mesmo, burlar o envelhecimento. Nesse cenário, a juventude aparece não como uma fase específica do desenvolvimento, mas como um estilo (objetivo) de vida, que deve ser mantido, ou, muitas vezes, adquirido por pessoas de diferentes idades.

A juventude e o vigor, dessa forma, representam princípios centrais em uma sociedade que cultua o corpo como forma de expressão e construção de identidade; contudo, são corpos pertencentes a determinado padrão – o que foge desses moldes torna-se invisível e anulado. Os apelos midiáticos conduzem-nos, de forma massiva, às características físicas, à beleza padronizada, a uma perfeição (quase em sua totalidade inatingível) e à saúde ideal (Goldenberg e Ramos, 2002).

Consequentemente, as regras "impostas" pela mídia e sociedade são basicamente pautadas na estética. Nada pode sair do controle, é recomendado manter uma superfície livre de marcas (rugas), ser belo e poderoso. Os sujeitos têm de seguir as normas vigentes para ser notados e moldar-se para redefinir seu corpo.

Dessa forma, na busca por esse "ideal" de aperfeiçoamento e juventude, os indivíduos que envelhecem acabam por ter de se identificar e viver de acordo com as suas características, visto que para esse ideal (inatingível) a velhice é pensada como uma fissura/imperfeição que precisa ser reparada.

Acho oportuno trazer para o diálogo que iniciamos a ideia de Bauman (1998), quando ele defende que, no sentimento progressivo que acompanha a velhice, dá-se uma relação de "sonho de pureza", presentificada fortemente na contemporaneidade.

O autor compreende essa pureza como uma visão de "ordem". A incumbência de lugares às situações na sociedade pode ser considerada uma visão de limpeza; em outras palavras, é como uma recomendação para manter afastado tudo que estiver "fora do lugar" estabelecido socialmente.

Sendo assim, pode-se pensar na negação dos efeitos do tempo e da depreciação provocada pelos executores cronológicos na anatomia como o modelo de pureza para a sociedade, bem como no corpo não validado como a "sujeira". Nessa perspectiva, tais visões estão ligadas ao medo da sociedade em relação à morte (Elias, 2001).

Na contemporaneidade, de acordo com Pitanga (2006), há uma compulsão em "corrigir" as marcas que a passagem do tempo imprime no corpo envelhecido. A autora enfatiza que, exatamente devido ao conhecimento do ser humano em relação à finitude, enaltece-se o corpo belo e vigoroso.

Sendo assim, o sujeito introjeta características semelhantes às discutidas até então a fim de permanecer dentro da *performance* do mercado e "acessível" para receber as transformações e inovações que acontecem no mundo, assim como não cair em esquecimento.

O conjunto de questões levantadas até aqui procura refletir sobre o cuidado exacerbado de si e a busca incessante pela "boa forma", o que tem se tornado um imperativo a todos, por meio do aniquilamento das impurezas e imperfeições dos sujeitos, limitando as possibilidades de existência a uma fantasia de ideal estético inatingível.

ENVELHECIMENTO E GESTALT-TERAPIA

Com base no panorama exposto e em toda sua complexidade multifatorial, busco nesta parte do trabalho iniciar uma compreensão sobre o processo e as demandas desse "novo" envelhecimento, levando em consideração a singularidade do indivíduo.

Para buscar essa compreensão, utilizarei a Gestalt-terapia, que é existencial-fenomenológica. Segundo Frazão e Fukumitsu (2013, p. 37), fenomenologia "significa o estudo do conhecimento da maneira como conhecemos e pressupõe o retorno às coisas mesmas, à intuição originária ou voltar-se a um ato intencional".

Sendo assim, podemos buscar compreender o lugar que esse idoso ocupa socialmente e a forma como sua existência é construída e (re)significada no mundo a partir das possibilidades "ofertadas" em seu campo e das suas experiências e relações com o outro. Perls (2012, p. 39) explica:

> A abordagem gestáltica que considera o indivíduo uma função do campo organismo/meio e que considera seu comportamento como um reflexo de sua ligação dentro deste campo dá coerência à concepção do homem tanto como individuo quanto como ser social.

A partir desses apontamentos conceituais, entendemos que o campo existencial do idoso não é fixo, ou seja, está sempre em transformação. Sendo assim, o envelhecimento é inerente à nossa condição humana, e, ao longo da história, sua concepção é influenciada e construída pelos acontecimentos biopsicossocial, econômica, cultural e espiritual.

É importante enfatizar que o ser humano busca autorregular-se por meio dos ajustamentos criativos, mas, para tanto, tem de entrar em contato com suas legítimas necessidades e, dessa forma, procurar satisfazê-las.

Para falar de ajustamentos criativos, devo, mesmo que suscintamente, esclarecer a definição de contato e *awareness*, uma vez que, na Gestalt-terapia, sem os dois não existe a possibilidade de experiência, resultado da dinâmica do sujeito com o meio ambiente (campo).

Segundo Perls, Hefferline e Goodman (1997, p. 33), "*awareness* se caracteriza pelo sentir (envolvendo sensação/

percepção), pelo excitamento e pela formação de Gestalten". Eles apontam que, para existir a *awareness*, é imprescindível que exista o contato. Por meio deste a figura poderá emergir do fundo e sintetizar a necessidade de união ou separação (Frazão e Fukumitsu, 2014, p. 9). Dito isso, sem o contato não será possível haver mudanças pessoais e experienciais no campo (ambiente), assim como haverá dificuldade para que aconteçam a autorregulação organísmica e, até mesmo, a clareza de significado. É conveniente destacar que o contato ocorre na fronteira eu-outro, conhecido-desconhecido.

> Quando dizemos "fronteira" pensamos em uma "fronteira entre"; mas a fronteira de contato, onde a experiência tem lugar, não separa o organismo e seu ambiente; em vez disso limita o organismo, o contém e protege, ao mesmo tempo que contata o ambiente. (Perls, Hefferline e Goodman, 1997, p. 43)

Ajustamento criativo é uma expressão utilizada na Gestalt-terapia que descreve, segundo Cardella (2014, p. 113), "a capacidade de pessoalizar, subjetivar e se apropriar das experiências que acontecem no encontro com a alteridade, processo contínuo no campo organismo/meio".

Para a autora, ajustar-se criativamente confere ao indivíduo deixar suas marcas nos acontecimentos da vida, apropriando-se dela, fazendo uma atualização de suas potencialidades singulares (e, muitas vezes, descobrindo e ressignificando-as) e presentificando-as em sua relação com o mundo.

Nessa relação com o mundo o sujeito depara com dificuldades em seu processo de autorregulação, podendo ocorrer ajustamentos criativos disfuncionais intrínsecos ao envelhecimento, possibilitando o sofrimento. De acordo com a teoria organísmica, é por meio da autorregulação que o organismo consegue se organizar para buscar formas efetivas de satisfazer suas necessidades urgentes no meio (campo/ambiente) do qual ele faz parte (Lima, 2014, p. 90).

Em sua obra, Perls (1997, p. 50) enfoca a importância da frustração no ciclo autorregulativo, pois

> defende o princípio de que uma situação pode se resolver não apenas pela plena satisfação da necessidade emergente. O ser humano pode experimentar a frustração diante do impedimento da resolução de modo ideal de sua necessidade sem que se paralise por essa experiência; ele poderá criar outros recursos e alternativas para tentar se autorregular.

Essa capacidade de enfrentar a não resolução de algo inicialmente desejado, dispondo-se de outras formas de satisfazê-lo, é o que na Gestalt-terapia denomina ajustamento criativo. Dessa forma, durante o processo de envelhecimento, o contato e a fuga fazem parte da vivência do sujeito.

Os "novos idosos" têm buscado diferentes prazeres, ressignificando genuinamente sua vivência e suas potencialidades. Caso não ocorra o esperado, a fuga é percebida pela busca de novos métodos que possam garantir a "eterna jovialidade" e a manutenção/perpetuação do corpo novo, sempre na intenção de burlar o envelhecimento e diminuir as angústias causadas por esse processo.

Essas representações que circundam a população idosa partem da falsa ideia de que a velhice seja uma disfuncionalidade ou sinônimo de morte – embora esta seja uma condicionalidade presente em qualquer estágio do desenvolvimento humano. Entretanto, a vivência da finitude traz à tona indagações sobre a própria existência. Segundo Martins e Lima (2014, p. 11 e 13):

> A morte ocupa um lugar de exclusão na sociedade ocidental contemporânea, não se fala sobre o assunto ou então, ao citá-lo, usam-se termos para encobrir o real sentido como: passagem e descanso. O sigilo que é atribuído a essa parte de nossas vidas revela o despreparo que possuímos ao lidar com situações que revelam o que há de mais frágil e particular em cada um de nós. [...] Uma vida plena e real reconhece a presença da morte como seu constituinte, entrar em contato com essa verdade abre a possibilidade de um autoconhecimento.

Assimilar a morte pode ser uma experiência assustadora e dolorida para o sujeito, pois esta é algo desconhecido que faz emergir sentimentos de perda do controle da própria vida e nos direciona a buscar respostas, a fim de diminuir essa angústia.

É necessário que haja uma ressignificação desse padrão que atrela a velhice somente à finitude, em que o sujeito é mero expectador de sua existência e não um ator principal. A senilidade e o surgimento de doenças pertencentes à idade cronológica não são condicionantes fundamentais para o declínio do envelhecimento. Devemos considerar o contexto no qual esse sujeito está inserido, assim como suas relações e oportunidades sociais, condições biológicas e cronológicas.

De acordo com Santos (2017), a forma como o sujeito irá assimilar seu processo de existência e, consequentemente, de envelhecimento acontecerá de acordo com as transformações que acontecem no campo organismo/meio. Ou seja, a vivência do envelhecimento é experienciada de formas diferentes por cada sujeito. Nenhum idoso terá as mesmas percepções, vivências e sensações do envelhecer.

Dessa forma, fica claro que a qualidade vivencial e experiencial de cada sujeito acerca da velhice lhe permitirá ou não gozar das possibilidades existenciais que vão surgindo, assim como o fará perceber-se, ou não, como um ser dotado de potencialidades, ainda em processo existencial, em ininterrupta interação com o campo.

A Gestalt-terapia acredita que o homem é dotado de potencialidades, sendo então capaz de criar e alterar seu campo. Sendo assim, durante o processo de envelhecimento o idoso poderá ter, sim, dificuldades de acolher esse novo ciclo da vida que podem interferir na fluidez desse processo, cristalizando as potencialidades e impossibilitando a assimilação de sua condição existencial.

Contudo, para Santos (2017), tais demandas experienciais não são desconsideradas quando se discute a autossatisfação das necessidades genuínas do idoso, uma vez que na totalidade do ser humano também há adversidades, medos e receios, sobretudo por aquilo que me é desconhecido. Entretanto, também haverá sentimentos, emoções, sensações e percepções que poderão mobilizá-lo em direção à ação, e não paralisá-lo, criando novas possibilidades para a manutenção da homeostase.

Podemos compreender que os desafios existentes para cada sujeito os fazem buscar uma elaboração de ajustamentos criativos funcionais para a busca desse equilíbrio. Tais dificuldades poderão surgir e reverberar igualmente na sexualidade, uma vez que as mudanças fisiológicas que ocorrem nessa fase podem originar problemas na autoestima, levando o sujeito a evitar relações sexuais, com temor da frustração.

O sexo é culturalmente cercado de tabus. Quando se trata de sexo no envelhecimento, potencializa-se esse estigma, pois a sexualidade é vista por muitos como algo somente destinado aos jovens. Contudo, esquecem que o sexo é vital ao ser humano e nos acompanha durante todo o nosso processo de desenvolvimento.

Numa pesquisa feita por Vieira (2012, p. 197-98), foi possível ver como alguns idosos se percebiam e se relacionavam com o que chamamos de qualidade de vida:

> Os achados desta pesquisa mostram que a vida sexual na velhice é possível e promotora de prazer e bem-estar aos idosos, assim como na juventude. É necessário que a sociedade perceba as qualidades e potencialidades dessa etapa da vida, na qual é possível viver com qualidade, sendo as vivências sexuais promotoras dessa qualidade. Os dados obtidos também contribuem para o aumento do conhecimento acerca da sexualidade do idoso, tendo em vista a atual escassez de estudos relacionados a esta temática. Uma parcela significativa das pesquisas acerca deste constructo aborda apenas os aspectos negativos decorrentes do processo de envelhecimento, ressaltando as mudanças e perdas decorrentes do passar dos anos.

Diante de tudo que foi exposto até o momento, como o idoso consegue definir sua identidade e reconfigurar sua concepção de mundo numa sociedade tão mutável, dinâmica e contemporânea?

O sujeito "envelhescente" tem tido de se posicionar ativamente contra os ditames opressivos impostos pela cultura, muitas vezes gerando conflitos geracionais, sobretudo no campo familiar e de trabalho. A imagem do idoso vem sendo modificada ao longo dos últimos anos, embasada nas experiências e nos modos de perceber a vida, gerando, assim, novas figuras claras para esses sujeitos. Podemos observar na contemporaneidade idosos interagindo em novos espaços, voltando a estudar, buscando novos cursos que lhes despertem interesse, praticando diversas modalidades de atividade física. Enfim, fazendo novos ajustamentos criativos funcionais.

Contudo, para que tais paradigmas sejam rompidos é necessário que o idoso possa discriminar os valores sociais cristalizados (e introjetados) relacionados ao envelhecimento para que eles não obstruam o contato com suas necessidades, permitindo, dessa forma, que ele continue assumindo uma postura ativa em suas relações.

A criação de programas voltados para o público idoso é essencial, pois propicia experiências por meio de vivências e da criação de relações, reduzindo seu isolamento social. Um ponto importante a ser levantado é que, para que tais possibilidades sejam possíveis, é preciso fortalecer a ideia da necessidade de novas políticas públicas eficazes que garantam a autonomia e independência desses novos idosos, principalmente daqueles pertencentes às classes sociais menos favorecidas.

No decorrer deste capítulo busquei iniciar uma reflexão sobre o processo de envelhecimento na contemporaneidade. Não é minha intenção fechar a Gestalt, mas despertar a curiosidade para esse tema tão atual e importante. Espero que a perspectiva fenomenológica existencial e humanista da Gestalt-

-terapia tenha podido contribuir para a ampliação da *awareness* do caro leitor, facilitando o processo de compreensão sobre como se dá os ajustamentos criativos diante do (novo) envelhecimento, colocando o "envelhescente" como autor da sua própria história, e não apenas um mero expectador.

Minha intenção foi sensibilizar para que possamos enxergar e instigar a busca de suas potencialidades ocultas e, para aqueles que já estão no processo da velhice, mostrar a potência que existe em cada um deles, sem desconsiderar as possíveis limitações e adversidades, que estas são pertencentes à nossa condição existencial. Independentemente de todos os estereótipos que encontramos e tentamos dissociar do idoso, devemos (re)construir o olhar sobre o que é propriamente seu, a contraponto do que é da juventude, e compreender que o que sublima é o fato de a vida ser a mesma: uma grande locomotiva – o que separa a juventude da velhice são apenas as diferentes estações.

REFERÊNCIAS

Bauman, Z. *O mal-estar na pós-modernidade*. Rio de Janeiro: Jorge Zahar, 1998.

Camarano, A. A. (org.). *Novo regime demográfico: uma nova relação entre população e desenvolvimento?* Rio de Janeiro: Ipea, 2014.

Cardella, B. H. P. "Ajustamento criativo e hierarquia de valores ou necessidades". In: Frazão, L. M.; Fukumitsu, K. O. (orgs.). *Gestalt-terapia: conceitos fundamentais*. São Paulo: Summus, 2014, p. 114.

Debert, G. G. "A antropologia e o estudo dos grupos e das categorias de idade". In: Barros, M. M. L. (org.). *Velhice ou terceira idade? Estudos antropológicos sobre identidade, memória e política*. Rio de Janeiro: Fundação Getúlio Vargas, 1998, p. 49-67.

Elias, N. *A solidão dos moribundos, seguido de Envelhecer e morrer.* Trad. Plínio Dentzien. Rio de Janeiro: Jorge Zahar, 2001.

Faleiros, V. de P. "Envelhecimento no Brasil do século XXI: transições e desafios". *Argumentum*, v. 6, n. 1, Vitória, 2014, p. 6-21.

Frazão, L. M.; Fukumitsu, K. O. "O método fenomenológico em pesquisa gestaltica". In: FRAZÃO, L. M.; FUKUMITSU, K. O. (orgs.). *Gestalt-terapia: fundamentos epistemológicos e influências filosóficas*. Coleção Gestalt-terapia: fundamentos e práticas, v. 1. São Paulo: Summus, 2013.

FRAZÃO, L.; FUKUMITSU, K. O. (orgs.). *Gestalt-terapia: conceitos fundamentais*. Coleção Gestalt-terapia: fundamentos e práticas, v. 2. São Paulo: Summus, 2014.

GOLDENBERG, M.; RAMOS, M. S. "A civilização das formas: o corpo como valor". In: GOLDENBERG, M. (org.). *Nu e vestido – Dez antropólogos revelam a cultura do corpo carioca*. Rio de Janeiro: Record, 2002, p. 19-40.

LEMOS, D. de *et al*. *A velhice*. Porto Alegre: UFRGS, 2001. Disponível em: <http://www.ufrgs.br/e-psico/subjetivacao/tempo/velhice-texto.html>. Acesso em: 28 maio 2016.

LIMA, P. V. de A. "Autorregulação organísmica e homeostase". In: FRAZÃO, L. M.; FUKUMITSU, K. O. (orgs.). *Gestalt-terapia: conceitos fundamentais*. Coleção Gestalt-terapia: fundamentos e práticas, v. 1. São Paulo: Summus, 2014, p. 90.

MAIA, G. F. "Corpo e velhice na contemporaneidade". *Estudos e Pesquisas em Psicologia*, 2008. Disponível em: <http://www.redalyc.org/artiulo.oa?id=451844627011>. Acesso em: 29 jan. 2019.

MARTINS, M.; LIMA, P. V. de A. *Contribuição da Gestalt-terapia para os enfrentamentos das perdas e da morte*. 2014. Disponível em: <https://www.igt.psc.br/ojs/viewarticle.php?id=483>. Acesso em: 3 fev. 2019.

MINAYO, M. C. de S.; COIMBRA JR., C. E. A. (orgs.). *Antropologia, saúde e envelhecimento*. Rio de Janeiro: Fiocruz, 2002.

PEIXOTO, C. "Entre o estigma e a compaixão e os termos classificatórios: velho, velhote, idoso, terceira idade..." In: BARROS, M. M. L. (org.). *Velhice ou terceira idade? Estudos antropológicos sobre identidade, memória e política*. Rio de Janeiro: Fundação Getúlio Vargas, 1998, p. 69-84.

PERLS, F. S. *A abordagem gestáltica e testemunha ocular da terapia*. 2. ed. Rio de Janeiro: LTC, 2012, p. 39.

PERLS, F. S.; HEFFERLINE, R.; GOODMAN, P. *Gestalt-terapia explicada*. São Paulo: Summus, 1977.

____. *Gestalt-terapia*. São Paulo: Summus, 1997.

PINHEIRO JÚNIOR, G. "Sobre alguns conceitos e características de velhice e terceira idade: uma abordagem sociológica". *Linhas*, Florianópolis, Udesc, v. 6, n. 1, 2005, p. 1-14.

PITANGA, D. de A. *Velhice na cultura contemporânea*. Dissertação de Mestrado em Psicologia Clínica. Universidade Católica de Pernambuco, Recife, 2006.

SANTOS, N. M. "Ajustamentos criativos no processo do envelhecimento na contemporaneidade". *Psicologia.pt.*, Faculdade Unijorge, Salvador, 2017.

VIEIRA, K. F. L. *Sexualidade e qualidade de vida do idoso: desafios contemporâneos e repercussões psicossociais*. 2012. Disponível em: <https://repositorio.ufpb.br/jspui/bitstream/tede/6908/1/arquivototal.pdf>. Acesso em: 26 jan. 2019.

9
Luto e enfrentamento na contemporaneidade

DANIELA PUPO BARBOSA BIANCHI
PATRÍCIA BARRACHINA CAMPS

INTRODUÇÃO

É a transitoriedade da vida
que engrandece o amor.
(Colin Parkes)

Nos atendimentos clínicos de um psicoterapeuta podemos observar a presença constante de clientes que viveram em algum momento a perda de vínculos afetivos significativos.

A experiência de perda de pessoas é inevitável. Amar implica um risco constante de perder o objeto do amor, mas pode ser considerado um preço justo pela possibilidade de uma vida calcada em um sentimento necessário ao existir humano com significado e sentido.

O rompimento de uma relação, seja pela morte ou por outras adversidades, pode gerar algum tipo de sofrimento com intensidade variada, em razão de uma série de fatores, tais como: qualidade do apego, vulnerabilidade pessoal do enlutado, eventos ou circunstâncias da situação de perda e qualidade das relações sociais, como apoio ambiental, rede de suporte, entre outros.

Vale destacar que enlutado é o nome dado à pessoa que teve a perda de uma figura de apego significativa e que está vivendo o processo de luto.

Segundo Parkes (2009, p. 41), o "luto é uma reação a uma perda". Em outro momento, o autor afirma que é "um processo de mudança pelo qual as pessoas passam" a partir de uma perda. Os principais componentes nesse processo incluem a "experiência de perda e uma reação de anseio intenso pelo objeto perdido (ansiedade de separação)". Entre as reações possíveis, Parkes ainda arrola:

- pesar;
- ameaças à segurança;
- mudanças importantes na vida;
- mudanças importantes na família;
- lembranças terríveis de eventos aterrorizantes;
- culpa pela morte, dirigida a outras pessoas;
- vergonha e/ou culpa por sua negligência ou cumplicidade.

Franco (2010, p. 28) destaca definições de luto normal e complicado, afirmando que "modelos de luto refletem nossas representações sociais correntes sobre a vida e morte e podem ser efêmeros". Nessa reflexão, a autora aponta para estudos que estabelecem tempo previsto para a duração do luto do ponto de vista das fases pelas quais ele deveria passar, somados ao fato de que haveria modos bons e maus de viver esse processo. Ela também destaca os aspectos culturais vivenciais e emocionais. Finaliza acentuando que "falar em tempo previsto para um luto normal significa que estamos desconsiderando aspectos relevantes para a compreensão do fenômeno".

Vale ressaltar que a autora traz novas vertentes para o luto, destacando os seguintes pontos: concepção de lutos como um processo de construção de significados; concepção de vínculos contínuos, e concepção do modelo do processo dual do luto.

Na primeira concepção, Nadeau (*apud* Franco, 2010, p. 32) entende que as famílias irão buscar construir novos significados a partir da experiência da perda. A autora entende significado como "representações cognitivas, mas tidas na mente de cada membro da família" interativamente com influências culturais. Entre esses significados, arrola a falta de sentido, morte injusta, significados filosóficos, existência ou não de vida após a morte, significados religiosos, natureza da morte, atitude do doente em relação à morte, mudanças na família, lições aprendidas e verdades vividas.

Para Franco (2010, p. 33), "falar em construção de significados no luto sugere que sejam feitas revisões na identidade, nas relações sociais, nas relações com o morto e no sistema de crenças".

Já na concepção de vínculos contínuos, os estudiosos dessa vertente apontam para a busca de um veículo contínuo saudável e não só para o afastamento do falecido, levando a uma reconstrução da relação com ele (Franco, 2010, p. 33).

Parkes (2009, p. 45), ao falar da transição psicossocial do luto no sentido de que o "mundo presumido" será colocado em crise e, nesse momento, a pessoa pode ficar inquieta, tensa, ansiosa e indecisa até que as mudanças necessárias sejam feitas, acentua que

> muito do trabalho de reaprendizado que se segue após uma perda importante, e que no passado foi chamado de "elaboração do luto", é visto mais claramente como um trabalho de transição. As questões envolvidas são claras e relevantes após eventos traumáticos da vida.

Por sua vez, o modelo do processo dual de luto, segundo Franco (2010, p. 34), "oferece uma estrutura analítica para entender como as pessoas se adaptam à perda de alguém significativo". Acentua a autora que esse processo tem dois movimentos importantes: orientação para a perda e orientação para a restauração/reparação. O movimento ocorre por oscilações, de maneira não linear e não simultânea, ou seja, o enfrentamento é orientado para a restauração/reparação ou para a perda.

Segundo Parkes (2009, p. 48), a orientação para a perda "refere-se à busca dolorosa pela pessoa perdida", enquanto a orientação pela restauração "é a luta para se reorientar em um mundo que parece ter perdido significado". Para o autor, o problema surge quando um dos pontos se torna exclusivo. Na outra vertente:

> O resultado normal desse processo de oscilação é que, finalmente, a pessoa enlutada descobre que muito do passado do relacionamento continua a ter importância no planejamento do futuro. Nos estágios iniciais do luto, os enlutados sentem como se tivessem perdido tudo de bom que vinha daquela pessoa que morreu;

> com o tempo eles descobrirão que isso não é verdade. [...] O reconhecimento do vínculo contínuo com o morto é uma das coisas que tornam possível deixar que a pessoa se vá, simplesmente porque sabemos que nunca deixaremos de tê-la aqui. (Parkes, 2009, p. 48)

Desse modo, a complexidade do luto reside também na subjetividade do ser enlutado. Estudos demonstram a importância do cuidado nesse momento da vida, a fim de ajudar a pessoa nessa difícil e exigente travessia, reconhecendo similaridades da condição humana e individual.

Tornar-se sensível a esse processo, respeitando a pessoa e seu mundo interno e externo, é tarefa importante para terapeutas que buscam acompanhar pessoas enlutadas, ampliando o olhar e o afeto para a inclusão do diferente e empatizando com as questões que nos aproximam de nossa condição humana. Entretanto, o mundo contemporâneo tem nuanças e formas de relacionamentos que podem dificultar a experiência do processo de luto. Isso porque a pós-modernidade é marcada pelo advento da tecnologização e globalização, ou seja, o homem passa a ser impactado pelas relações em redes virtuais e de forma global. O tempo passa a ser chamado de "tempo real", com implementação de maior velocidade na comunicação. O mundo perde suas fronteiras. O impacto desses fenômenos na vida do indivíduo e no modo de vinculação é inevitável.

Desse modo, é imperioso pensarmos em como ajudar pessoas enlutadas, cujas experiências temporal e espacial sofrem mudanças qualitativas, a enfrentar essa difícil travessia, incluindo esses fenômenos contemporâneos inegáveis.

A PÓS-MODERNIDADE E ALGUMAS IMPLICAÇÕES NA VIDA DO INDIVÍDUO

> *O homem adoece quando pretende tudo nomear, entender e dominar; a cura é repouso no Mistério, sustentação da orfandade e da precariedade originárias, é a possibilidade de viver o cotidiano ordinário, de curvar-se e de esvaziar-se diante do que é dado.*
> (Beatriz Cardella, 2017, p. 78)

Estamos em uma nova fase da modernidade. Diversos autores chamam esse momento de pós-modernidade, segunda modernidade, modernidade tardia, alta-modernidade, sociedade de risco, modernidade líquida. Esse momento é marcado pelo desenvolvimento de novos meios de comunicação, tais como a internet, as redes sociais e os aparelhos celulares, que criam um mundo cada vez mais globalizado.

Giddens (*apud* Mocellim, 2008) afirma que uma forte característica da modernidade tardia é a revisão das práticas sociais de forma mais rápida e à luz de conhecimentos, o que torna o momento contemporâneo mais imprevisível. Bauman (2004) chama a modernidade de líquida em oposição ao que seria a solidez, sendo certo que esta invade todos os setores da vida, inclusive as relações humanas. Acentua, ainda, que a modernidade líquida apresenta as seguintes marcas: volatilidade, incertezas, inseguranças e fragilidade.

Ambos os sociólogos destacam a impermanência, a transitoriedade e a velocidade nos vínculos pós-modernos. O ser humano é marcado por uma era do consumismo, da descartabilidade dos objetos e, por que não, das relações que não seriam sustentadas por laços profundos (Bauman, 2004).

Com o advento das redes sociais, o homem está mais exposto à esfera pública e há questionamentos em lugar dos conteúdos privados (Tejera, 2006). Nesse caminho, as relações seriam substituídas por conexões (Bauman, 2004), o que implica a possibilidade de o indivíduo se desconectar, ao mesmo tempo que há facilidade em "fazer amigos". A qualidade das relações dá lugar à quantidade, prejudicando a profundidade dos vínculos e a experiência de intimidade.

Se, por um lado, a pós-modernidade nos permite estabelecer conexões de maneira fácil e rápida com pessoas de diversos lugares, sociedades e culturas, por outro também contribui para uma liquidez dos vínculos, que podem se tornar perenes, demasiadamente transitórios, com questionamentos sobre a forma de apego.

Cardella (2017, p. 53) ressalta a necessidade de lidarmos com o "paradoxo que é a tecnologia", uma vez que traz ao mesmo tempo benefícios e ameaça à vida humana: "sentimentos de humilhação e vergonha, solidão profunda, ausência de sentido, vazio existencial, robotização, perda de dignidade etc.".

Importante destacar que é da condição humana a necessidade de se relacionar. A Gestalt-terapia irá entender que o homem se constitui por meio da relação (Hycner, 1995; Cardella, 2017; Perls, Hefferline e Goodman, 1997). O ser humano tem uma faceta universal, mas também uma faceta subjetiva, singular, que se realiza em contato com o outro e com o mundo onde transforma e é transformado, em um campo inseparável: organismo-ambiente.

Cardella (2014, p. 113, grifos da autora) revela que "a vida humana é sempre vida de *alguém*, que acontece em meio aos *outros*". Portanto, é indissociável essa ligação homem-mundo em um processo constante de relacionamento e transformação mútua.

Isso nos faz pensar como e quais as implicações na constituição do humano e em seu viver, sobretudo nos enfrentamentos mais complexos, em um mundo cuja qualidade relacional é permeada pela liquidez, efemeridade e descartabilidade. Qual a qualidade do heterossuporte no encontro com o trágico, com as rupturas inegáveis, com as mudanças inesperadas?

PROCESSO DE LUTO

A cicatriz tão longe de uma ferida tão dentro:
a ausente permanência de quem morreu.
(Mia Couto, 2012, p. 13)

A certeza da finitude não torna a experiência de encontro com a morte menos dolorosa, sobretudo quando se perde uma figura de apego, que representa, além da perda do outro, a perda de um aspecto importante de si presente nessa relação. Para Parkes (2009, p. 11), "o fato de um dia perdermos as pessoas que amamos, e elas a nós, nos aproxima delas, mas se torna um sino silencioso que nos desperta no meio da noite".

A sociedade contemporânea busca afastar-se do trágico da vida e nega a certeza da morte como parte da condição humana. Nesse sentido, o espaço para lidar com o tema das perdas e mortes fica cada vez mais reduzido, principalmente com a busca contínua de alegria e felicidade, ainda que momentâneas e sem sustentação.

Compreender a distinção entre perda e luto pode ampliar o entendimento sobre o tema. Perdas, normativas ou não, são parte do existir humano, inevitáveis e eternas, enquanto o luto é o processo ativo de elaboração psíquica de uma perda. Parkes (1998, p. 170) entende o luto como "processo de aprendizagem pelo qual cada mudança resultante é progressivamente compreendida e é estabelecido um novo conjunto de concepções sobre o mundo".

Reconstruir a vida a partir de uma perda significativa requer aprender uma nova forma de estar no mundo e construir uma nova identidade a partir desse aprendizado, que implica uma revisão de mundo presumido, transformação da relação com a pessoa perdida e construção de significado.

Parkes (2009) conceitua mundo presumido como "aquele aspecto do mundo interno que é tido como verdadeiro". Este mundo interno é composto pelas percepções de si e das relações, bem como a organização das percepções de elementos que constituem o mundo externo. Para o autor,

> Tudo que consideramos garantido faz parte de nosso mundo presumido. Aí estão incluídas nossas concepções sobre nossos pais e nós mesmos, nossa habilidade para lidar com o perigo, a proteção que podemos esperar dos outros e as incontáveis cognições que compõem a estrutura complexa de que depende nosso senso de significado e propósito na vida [...] nosso mundo presumido é a parte mais valiosa do nosso equipamento mental. Sem ele ficamos literalmente perdidos. (Parkes, 2009, p. 43, 44)

Viver uma experiência de perda é um processo permeado de sofrimento, que em contrapartida oferta uma importante possibilidade de crescimento. A partir da necessidade de novos ajustamentos, o enlutado poderá reconhecer e integrar recursos até então não percebidos, transformando as relações consigo e com o ambiente. Para Parkes (1998, p. 22), "a experiência de enlutamento pode fortalecer e trazer maturidade àqueles que até então estiveram protegidos de desgraças. A dor do luto é tanto parte da vida quanto a alegria de viver; é talvez o preço que pagamos pelo amor, pelo compromisso".

TEORIA DO APEGO E LUTO

O ser humano se torna eu pela relação com o você, à medida que me torno eu, digo você.
Todo viver real é encontro.
(Martin Buber)

A experiência relacional é condição do existir humano. Podemos então pensar que as primeiras relações vivenciadas pela criança e os cuidados envolvidos nesta relação são fundamentais para seu desenvolvimento. Ajzenberg *et al.* (1998, p. 2) falam de desenvolvimento como "processos circulares sucessivos de ajustamentos criativos que só podem ser compreendidos, portanto, sob o enfoque relacional".

Nessa dimensão relacional e dialógica, acontece o encontro. Hycner (1995, p. 34) aponta que "o dialógico não é algo que acontece dentro de uma pessoa, mas sim uma experiência 'misteriosa' que ocorre na esfera entre uma pessoa e outra – contanto que ambas estejam abertas para isso".

Com amplo enfoque nas questões relacionais, Bowlby (1990) desenvolveu a teoria do apego a partir de estudos sobre a privação materna, em meados de 1951. Nesse trabalho, diversas fontes de conhecimento como a medicina, psicanálise, estudos do comportamento e etologia foram integradas, constituindo um valioso corpo de saber sobre as questões relacionais no início da vida e como elas influenciam as relações estabelecidas posteriormente. O autor dedicou-se aos estudos de formação e rompimento de vínculos afetivos, o que rendeu valiosa contribuição para a compreensão do luto, entendendo este processo como uma reação ao rompimento de vínculos afetivos.

A partir desses trabalhos, os estudiosos da teoria do apego entendem que a segurança é uma necessidade primária de sobrevivência e a relação do bebê com a figura materna passa a ser vista, então, não só como provedora de alimentos, mas com a função de oferecer um vínculo afetivo primário que lhe possibilite uma experiência de segurança. Parkes (2009, p. 28) destaca que "a principal função do cuidado parental é dar a base segura pela qual a criança em desenvolvimento aprenderá quanto pode confiar em si e nos outros".

Essa experiência relacional é fundamental para o processo de crescimento, pois, uma vez que a figura materna auxilia a criança a reconhecer, nomear e atender às suas necessidades, possibilita que ela desenvolva recursos para, gradativamente, se sustentar em seus ciclos e autossuporte, buscando suporte ambiental quando necessário. Perls (1977, p. 33) reforça que "a maturação é um processo de desenvolvimento contínuo, onde o apoio ambiental é transformado em autoapoio. No desenvolvimento sadio, a criança mobiliza e aprende a utilizar seus próprios recursos".

Mary Ainsworth, a partir dos estudos de Bowlby e de sua própria observação da interação mães-bebês em Gana, desenvolveu nos Estados Unidos o teste da situação estranha. Essa observação estabelece padrões e parâmetros para a interação mãe-bebê em diferentes contextos sociais, contribuindo para a sistematização da teoria do apego (Parkes, 2009).

A autora descreve três diferentes estilos de apegos – seguro, ambivalente e evitativo –, constituídos a partir da forma como são estabelecidas as relações primárias na infância e as respostas da figura materna às necessidades da criança. Posteriormente, foi agregado por Mary Main o estilo de apego desorganizado (idem). O estilo internalizado de apego influencia nas formas como a criança vivencia suas possibilidades de explorar o mundo e voltar-se para a intimidade da relação. As experiências relacionais posteriores e a vivência de separações e rompimento de vínculos são também perpassadas por estes estilos.

1. Apego seguro: quando as crianças desenvolvem de forma mais saudável a relação com a figura materna, tendo, portanto, maior possibilidade de constituir modelos internos de apego seguro. Suas principais características são a ansiedade baixa e equilíbrio entre intimidade e exploração. Mostram-se ativas nas brincadeiras e exploração do mundo e, ao se sentir ameaçadas, buscam conforto no cuidador.

Vivem a dor e tristeza da perda, mas tendem a transformar a relação, internalizado o vínculo afetivo. No processo de elaboração do luto, vivem uma oscilação mais saudável entre os movimentos de perda e restauração.

2. Apego ansioso ambivalente: quando as crianças vivenciam uma presença ambígua do cuidador, a experiência de segurança não pode ser vivenciada e internalizada. Sendo assim, sofrem com ansiedade de separação e não se sentem seguras na exploração do mundo.

Tendem a manter na vida adulta relações de dependência. Na vivência do luto, podem experimentar tristeza e angústia avassaladoras, uma vez que, além da perda do ser amado, perdem também sua base segura. São mais suscetíveis a vivências de luto crônico, tendendo a manter-se mais orientadas em direção à vivência da perda do que à restauração.

3. Apego ansioso evitativo: o estilo de apego evitativo se constitui quando a figura de apego da criança se mostra inacessível às suas necessidades de conforto e proteção. A criança desenvolve então uma reação defensiva, evitando o contato íntimo por entender que não irá obter uma resposta cuidadora. Geralmente não confia em outros e busca recursos internos para proteção, criando uma autossuficiência disfuncional.

Essa autossuficiência e distanciamento afetivo tendem a permear as relações na vida adulta. Em vivências de perda, inibem a expressão do pesar e sentimentos de luto. Como consequência, não recebem o heterossuporte necessário para lidar com esse sofrimento. Podem inibir ou adiar o luto, mantendo uma orientação em sentido à restauração e retomada da vida, alienando a dor e o sofrimento.

4. Apego desorganizado: o modelo de apego desorganizado é o que implica maiores perturbações no desenvolvimento da criança, cujas relações primárias foram vivenciadas com mais precariedade. Nelas, as respostas de intimidade e exploração não foram vividas de forma constante, e ela passa a alternar entre respostas de ambivalência e evitação, não encontrando conforto em si ou no outro.

As crianças com estilo de apego desorganizado vivenciam grande sofrimento psíquico e estão entre as mais sujeitas a desenvolver transtornos psiquiátricos na vida adulta (Parkes, 2009). Por consequência, a vivência do luto de pessoas com esse estilo de apego é desorganizada e disfuncional, podendo desencadear ou agravar questões psiquiátricas.

Cada perda é única, em cada momento e em cada etapa do ciclo de vida, e vai exigir diferentes movimentos de adaptação. A forma como esse enfrentamento vai se delinear está relacionada sobretudo com o estilo de apego prevalecente na pessoa enlutada.

Vale dizer que os estilos de apego constituem uma referência da experiência relacional, porém têm uma característica de plasticidade, podendo ser ou não confirmados em relações futuras. Em vivências intensas de desorganização e sofrimento, como a perda de uma pessoa amada, esses modelos internalizados podem ser rompidos ou atualizados, uma vez que o rompimento do mundo presumido implica uma revisão de relações e novos ajustamentos à situação que se apresenta. Cardella (2017, p. 117) nos diz que, quando existe abertura, a vivência do sofrimento pode ser transformadora. Para a autora, "quando tomamos posse do nosso sofrimento podemos atravessá-lo e transformá-lo em Sabedoria. O sofrimento quando experiência nos move para a realização, para o Sentido".

FASES E TAREFAS DO LUTO

Quando penso em você
Fecho os olhos de saudade.
(Cecília Meirelles, "Canteiros")

Os estudos sobre as fases do luto desenvolvidos por Bowlby e pelos teóricos da teoria do apego, assim como a proposta de Worden (1998) de trabalho de luto, podem ser muito úteis na compreensão desse processo. Destaca-se que essas fases não são compreendidas como processos lineares e sequenciais, tampouco devem ser utilizadas para normatizar ou mensurar o enfrentamento da perda, e sim como possíveis experiências que se constituem no processo de elaboração da perda.

Bowlby (1990) delineia o torpor como a reação imediata à vivência do luto, quando ainda não está totalmente assimilada a realidade da perda. Segundo o autor, essa fase inicial pode durar algumas horas ou dias e ser entremeada por acessos intensos de tristeza ou raiva. A notícia da morte de uma pessoa amada pode ser devastadora na vida do indivíduo e esse entorpecimento inicial atua como uma proteção psíquica, que permite que a perda seja gradualmente absorvida, bem como providências práticas possam ser tomadas.

Na fase seguinte, de anseio e busca, embora a realidade da perda já comece a se concretizar, ainda existe a crença no resgate da pessoa que se foi. O enlutado protesta e tenta recuperar a pessoa perdida, por repetidas vezes, até que se dá conta da irreversibilidade da perda, fundamental para o processo de elaboração do luto. Em seus estudos com enlutados, Bowlby (1990) sugere que essa fase pode durar semanas ou anos, e que reações de raiva e choro são muito frequentes.

Após esgotarem as tentativas de reaver a pessoa amada, o enlutado começa a integrar a realidade da perda e irreversibilidade da morte, vivendo então a fase de desorganização e desespero. É uma fase que pode trazer intensos sentimentos de pesar e sofrimento para o enlutado.

Na fase de recuperação e restituição, começa a reorganização da identidade e do mundo presumido. As relações consigo mesmo, com a pessoa perdida e com a nova configuração de mundo são transformadas. Toma lugar um momento mais consistente de reconstrução da vida, relações, contatos sociais e trabalho.

Os estudos desenvolvidos por Worden (1998) compreendem o processo de elaboração de uma perda como trabalho de luto e apresentam a proposta de enfrentamento a partir de tarefas.

O autor as aponta como comportamentos ativos por parte do enlutado, que consistem em aceitar e processar a perda, ajustar-se a um mundo sem a pessoa morta e encontrar uma conexão duradoura com ela em meio ao início de uma nova vida. Entende que, embora as tarefas não impliquem necessariamente uma ordem específica, alguma ordenação é necessária, visto que estão inter-relacionadas.

Tanto as fases propostas pela teoria do apego como as tarefas de luto apontadas por Worden ampliam possibilidades de compreensão dos sentimentos e comportamentos que podem ser vividos a partir de uma experiência de enlutamento. Quando observada a subjetividade das experiências, modelos relacionais e o contexto social do enlutado contribuem com uma ampliação do entendimento acerca das reações vividas com a perda de uma pessoa amada.

O enfrentamento do luto é um processo perpassado por dor e sofrimento e o acolhimento e cuidado empáticos podem atuar como o heterossuporte necessário para atravessar cada uma dessas fases e tarefas. Nos dizeres de Cardella (2017, p. 144), "quando há presença de um outro o sofrimento pode ser comunicado e torna-se *passagem*, portanto experiência no tempo, movimento de vir a ser, esperança".

MODELO DO PROCESSO DUAL DE LUTO

O que a memória ama fica eterno.
Te amo com a memória, imperecível.
(Adélia Prado, "Para o Zé")

Os estudos de luto na atualidade argumentam a necessidade de ampliar sua compreensão a partir da situação de vida atual e a relevância das diferenças individuais no processo de enfrentamento (Franco, 2010). A autora aponta novos estudos desenvolvidos na atualidade, destacando o processo de construção de significado, vínculos contínuos e o modelo do processo dual de luto.

Embora a morte seja universal e o enfrentamento das perdas seja parte da condição humana, a forma como cada um irá fazer esse enfrentamento é singular e passa também pelas relações, contextos sociopolíticos, culturais, religiosos e tecnológicos que influenciam na forma como os vínculos são constituídos e mantidos.

O modelo do processo dual de Schut e Stroebe (*apud* Parkes, 2009, p. 48) entende o processo de luto a partir de dois movimentos de enfrentamento: um orientado para a perda e um orientado para a restauração. Esses movimentos não são lineares e tampouco simultâneos, e sua alternância representa uma vivência saudável e autorreguladora, que permite uma reorganização à nova realidade que se apresenta.

Os movimentos orientados para a perda se manifestam por meio das expressões de dor e pesar, elaboração da perda, construção de significados e continuidade de vínculos. Nesse sentido, a pessoa enlutada irá expressar suas dores, revisitar momentos e situações vividos na relação com a pessoa que se foi, entrando em contato com seus sentimentos e ambivalências. É nessa orientação que ocorre, propriamente, o trabalho de luto.

Em outro sentido, os movimentos que se orientam para a restauração afastam a pessoa enlutada dos sentimentos da perda e trabalho de luto, permitindo que ela possa caminhar em direção à reorganização de seus mundos interno e externo, retomando atividades, relações, constituindo novas formas de estar no mundo. Muitas vezes, a necessidade de retomar a vida vem permeada de culpa, por estar seguindo em frente sem a presença da pessoa amada.

Ao psicoterapeuta que se propõe acompanhar seus clientes nessa travessia cabe ser sensível a essa oscilação, acompanhando e acolhendo amorosamente cada uma dessas direções, tão necessárias para seguir em frente. O entendimento desse movimento traz um enriquecimento para o cuidado na clínica terapêutica, pois direciona o terapeuta para as necessidades do enlutado, tanto de expressar e processar seu luto como de afastar-se dele para a retomada da vida. A partir dessa visão, podemos entender que as complicações do luto podem surgir quando o enlutado não consegue fazer essa oscilação, ficando com dificuldades de retomar a vida, podendo então vivenciar um luto crônico, ou então se dedicar exclusivamente à reorganização da vida, o que pode adiar ou inibir o luto (Parkes, 2009).

O ser humano transita pela vida em busca de sentido para sua existência e de todos os aspectos que a envolvem. Não poderia ser diferente em relação ao enfrentamento da perda, que leva a um questionamento sobre todo o sentido que até então foi dado à vida e às relações. Construir um significado para a perda vem como uma necessidade de atribuir um sentido para esse sofrimento avassalador. No dizer de Cardella (2017, p. 142), "não é porque há sofrimento que a vida não tem sentido, mas é antes porque o sofrimento existe que a vida pode ter ainda mais sentido". Constituir um novo sentido implica uma revisão das relações, perpassa mitos e crenças pessoais e familiares do enlutado. Por vezes, o significado construído é que a perda não faz nenhum sentido, mas ainda assim esse movimento é importante para atravessar o sofrimento vivido.

Em um processo de luto saudável, a continuidade de vínculos implica a aceitação da perda como irreversível e a transformação da relação com a pessoa perdida. Essa transformação da relação oferece uma base segura no processo de elaboração da perda. Para Parkes (2009, p. 239),

> embora cada vínculo seja único e insubstituível, a capacidade de uma pessoa se "recuperar" do luto não advém de sua habilidade de esquecer a pessoa perdida, mas de construir e remodelar seu mundo presumido de modo que inclua e redesenhe o tesouro do passado.

Perder uma pessoa amada representa a interrupção de um futuro com ela, porém toda a história vivenciada no passado permanece e essa ligação, antes física, é transformada. A pessoa amada passa então a habitar o mundo interno do enlutado, que constitui os afetos, as lembranças e as memórias vividos em conjunto.

O processo de luto é uma experiência singular, que atravessa afetos, emoções, razões e sentidos. Além da dimensão afetiva e emocional, ele mobiliza as dimensões físicas, cognitivas, social, comportamental e espiritual, que, durante o processo de luto, são visitadas, reorganizadas e transformadas, possibilitando a continuidade da vida em um mundo sem a presença do ente querido.

GESTALT-TERAPIA E PROCESSO DE LUTO

> *O que procuramos quando estamos desesperados e, mesmo assim, procuramos em outro homem? Certamente uma presença, por meio da qual somos informados de que, apesar de tudo, há significado.*
>
> (Martin Buber)

A Gestalt-terapia tem como um dos fundamentos de sua compreensão humana o conceito de autorregulação do organismo apresentado por Kurt Goldstein. Segundo essa compreensão, o organismo irá buscar permanentemente o equilíbrio, a volta a um estado de homeostase em razão do constante estado de tensão entre ordem e desordem (Lucca, 2007; Lima, 2014).

Conforme aponta Lima (2014, p. 89), é uma tendência inata ao organismo atualizar a si mesmo e a sua natureza, "é um impulso básico, o único impulso pelo qual a vida do organismo é determinada". Nesse sentido, é o processo de autorregulação que permite ao organismo satisfazer suas necessidades em busca de uma interação e negociação com o ambiente onde está imerso.

Assim, sempre que o organismo sofrer alguma desregulação em seu equilíbrio interno, irá buscar uma forma de voltar à homeostase utilizando-se, para tanto, de sua capacidade de se ajustar criativamente.

Segundo Perls, Hefferline e Goodman (1997, p. 45), "todo contato é ajustamento criativo do organismo e ambiente". Desse contato criativo advém uma "resposta consciente no campo", levando o organismo a um crescimento.

> Crescimento é a função da fronteira de contato no campo organismo/ambiente; é por meio de ajustamento criativo, mudança e crescimento que as unidades orgânicas complicadas persistem na unidade maior do campo. (Perls, Hefferline e Goodman, 1997, p. 45)

O organismo, por meio do processo de ajustamento criativo, consegue retornar ao equilíbrio necessário e, ainda, desenvolver-se. Claro que o processo de ajustar-se ao ambiente de forma criativa exige um percurso de desafios e conquistas do indivíduo-organismo. Conforme os mesmos autores apontam,

> o processo de ajustamento criativo a novos materiais e circunstâncias compreende sempre uma fase de agressão e destruição, porque

> é apoderando-se de velhas estruturas e alterando-as que o dessemelhante torna-se semelhante. (*Ibidem*, p. 47)

A perspectiva, portanto, de viver algo que implica novas formas e figuras obriga esse indivíduo a se confrontar com realidades máximas do viver, tais como mudanças, perdas e transformações. Conforme Cardella (2014, p. 115) ensina, "o ajustamento criativo relaciona-se com a dialética de continuidade e mudança, com inserção estrutural do novo no velho para formar com ele uma nova configuração". Ressalta a necessidade da mobilidade estrutural do todo como base para a criatividade, que se opõe às formas cristalizadas que representam a fixação ao passado.

Isso resulta em dizer que, diante do novo, o indivíduo precisará estabelecer um contato com as necessidades e circunstâncias, tomando consciência de que a realidade é flexível e passível de ser transformada e recriada (Cardella, 2014). Para tanto, há a necessidade de estar *aware* de seus recursos para poder se orientar e manipular o meio, transformando potencialidades em realizações e recriando o campo vivencial.

Destaque-se que o conceito de *awareness* diz respeito a um "processo de estar em contato vigilante com o evento mais importante do campo organismo/ambiente, com total apoio sensório-motor, emocional, cognitivo e energético" (Yontef, 1998, p. 215). Esse conceito esclarece a experiência do indivíduo-organismo em viver o aqui e agora com a totalidade de si mesmo necessária no momento único, transitório e perene, em fluxo com o "ocorrendo" no campo relacional, transformando a si e ao meio reciprocamente, no constante vir a ser.

A perda de um ente querido pode ser vivida como uma nova informação advinda do ambiente que proporciona desde uma experiência de ruptura com impacto emocional suportivo até uma vivência trágica com grande desorganização, que exigirá um processo de autorregulação intenso e demorado.

Sousa (2016, p. 267), ao lembrar Polster e Polster (2001), afirma que "há grande mobilização de energia quando uma figura emerge do ponto mais recôndito do fundo", gerando uma gama de emoções sobretudo quando o fundo não está preparado para essa intensidade da experiência que se tornou figura no campo.

No dizer de Perls, Hefferline e Goodman (1997), o sofrimento está diretamente ligado à criatividade. Isso porque os autores entendem que a dor é um sinal que indicaria um perigo atual de onde o organismo irá buscar de maneira consciente forças e recursos para dar uma resposta espontânea a essa ameaça; de onde o criativo surge como uma forma de ajustar-se a essa demanda. A função, assim, do sofrimento prolongado seria para os autores "fazer com que prestemos atenção ao problema atual imediato" (*ibidem*, p. 166).

> [...] um ser amado morre; existe um conflito pesaroso entre a aceitação intelectual, por um lado, e desejos e memórias, por outro lado; o homem comum tenta se distrair, mas o homem superior obedece ao sinal e se empenha no sofrimento, recorda o passado, observa seu presente irremediavelmente frustrado; ele não consegue imaginar o que fazer agora que tudo deixou de ter sentido; o luto, a confusão e o sofrimento são prolongados, porque há muito a ser destruído e aniquilado e muito a ser assimilado, e durante

> esse período ele não deve se dedicar a seu trabalho sem importância, suprimindo de maneira deliberada o conflito. Por fim, o trabalho de luto se completa e a pessoa está mudada, e adota um desinteresse criativo; imediatamente outros interesses tornam-se dominantes. (*Ibidem*, p. 166)

A compreensão do vivido revela a possibilidade de afrouxamento ao sofrimento e entrega ao conflito, permitindo que o *self* faça seu trabalho de destruição e, portanto, transformação de si mesmo. Nesse sentido, fortalecer recursos autossuportivos e ampliar a *awareness* de si próprio no enfretamento do novo são manejos fundamentais no cuidado aos clientes enlutados. Esse trabalho permite à pessoa transitar entre a confusão, dor e desorganização do momento presente e esperança quanto à chegada de novas formas de viver do momento futuro em um processo de autorregulação organísmica.

É inegável que o processo de luto pode ou não levar a uma conquista de transformação do si mesmo. Entretanto, a Gestalt-terapia nos aporta para essa concreta possibilidade de ressignificar a si e ao próprio viver quando de uma entrega ao conflito em um *continuum* de *awareness*. Nessa mesma direção segue a compreensão de Fukumitsu (2008, p. 29):

> A morte nos ensina que não sabemos sobre o futuro e que é necessário lidarmos permanentemente com o desconhecido, com o fato de que precisamos correr riscos e criar possibilidades de fechar situações inacabadas, ou seja, é preciso acreditar que somos capazes de pensar em coisas interessantes para trabalhar a vida e a morte.

CONSIDERAÇÕES FINAIS

Como podem dizer que morreu quem
Permanece tão vivo no meu coração?
(Santo Agostinho)

Vivemos em tempos líquidos, de amores rápidos e virtuais. Neste mundo, onde tomam lugar as conexões efêmeras e desprovidas de sentido, facilitadas e intermediadas pela tecnologia, existe um lugar para a vivência de um processo tão permeado de dor e sem controle como o processo de luto? É possível na contemporaneidade de relações e afetos transitórios encontrar o heterossuporte necessário para fazer essa travessia?

Conexões fugazes, nas quais a empatia tem pouco ou nenhum lugar, tomam o espaço antes ocupado por relações calcadas em afetos e valores; a quantidade de amigos virtuais acaba se tornando mais importante que a qualidade do contato das relações reais. Cardella (2017, p. 50) nos pergunta: "Como cuidar de uma pessoa neste mundo tão cheio de dor?"

Franco (2018, p. 197) ressalta que "resta a necessidade de entender o papel da tristeza no luto num mundo que valoriza a alegria, o sucesso, o bem-estar, o esquecimento e não as lições da memória". Não se pode alienar a necessidade de viver os sentimentos provocados pela experiência do luto, tampouco o campo onde essa vivência se constitui. Diante dessa realidade, cabe-nos buscar as intervenções possíveis nesse contexto.

A pós-modernidade tem a pressa como uma de suas características. Cada vez mais, os rituais dedicados à morte são apressados e diminuídos, reduzindo tempo e espaço de expressão de pesar e acolhimento da dor. Neste ponto, o espaço para viver o sofrimento é reduzido e o enlutado é pressionado pela necessidade de prontamente recuperar-se e retomar suas atividades do cotidiano.

O enlutado pode sentir-se então pressionado a restaurar a vida, mas em oscilação com o sentido da perda, que ao ser atravessada oferta a possibilidade de assimilação e crescimento. Nos dizeres de Fukumitsu (2012, p. 89):

> É pelas perdas que paramos e nos damos a chance de reavaliar nossos passos; de olhar para nossa condição existencial na qual o viver implica em compreender que somos finitos [...] ao contrário do que muitas pessoas pensam, reflito nas perdas a melhor possibilidade de transcender. Ou seja, é na situação advinda do luto que deparo com as minhas maiores dificuldades. Dessa forma, é a partir dessas mesmas dificuldades que descubro e procuro caminhos de quem sou e de como lido com os aspectos da minha vida.

A Gestalt-terapia nos aponta que a busca pela homeostase é condição da experiência humana e que o organismo, diante de um evento que traga desequilíbrio e desorganização, tem uma tendência inata a buscar a autorregulação. A experiência da perda rompe o conhecido, provocando desequilíbrio e questionando o sentido dado então à vida e às relações. Diante dessa necessidade, o enlutado precisa ajustar-se ao novo e ressignificar sua existência. Passar por essa travessia pressupõe a necessidade de companhia, que testemunhe, acolha e ampare essa vivência.

Enfrentar uma perda pode ser um processo de transformação. Ajustar-se criativamente ao novo contexto e reconstruir seu mundo presumido possibilita ao enlutado identificar, reconhecer ou criar recursos suportivos internos. Embora permeado de dor, é inegável a possibilidade de crescimento ao mobilizar a necessidade de revisão de estilos de apego e sentidos atribuídos a si mesmo, ao outro e ao mundo. Bonder (*apud* Cardella, 2017, p. 172) nos diz: "O recurso de todos os recursos é a fé na existência de recursos".

Amar e perder são parte da condição humana vivida com bases constituídas por significado e sentido, e o luto, como se refere Parkes, é o custo desse compromisso. Para o autor (1998, p. 146), "a intensidade do luto é determinada pela intensidade do amor".

A psicoterapia, anteriormente mais frequente para vivências mais complicadas de luto, vem ocupando o lugar de intervenções mais primárias, antes reservadas à rede de apoio do enlutado, composta por sua família e amigos.

Os estilos relacionais e modelos internalizados de apego, constituídos a partir das experiências de cuidado e proteção, influenciam na forma como cada um vive a experiência da perda e constrói seu enfrentamento. O que é comum a todas, com ressalva às particularidades de cada vivência, é a necessidade de restaurar a base segura, que permite atravessar esse momento intenso de sofrimento.

O terapeuta se constitui em base e porto seguros para seu cliente e o acompanha tanto em sua expressão de pesar como em sua retomada do cotidiano. Oferta escuta atenta e amorosa, continente para a expressão dos sentimentos, muitas vezes ambíguos e contraditórios que podem emergir nessa vivência.

O processo psicoterapêutico com clientes enlutados tem, a partir das novas possibilidades de compreensão do luto apresentadas, o sentido de acompanhar as oscilações do enlutado entre os movimentos de perda e restauração, bem como a reconstrução de seu mundo presumido, continuidade de vínculos e atribuição de sentido. Cardella (2014, p. 109) fala sobre o terapeuta que ocupa o lugar de anfitrião, acompanhando e possibilitando ao cliente ir

> apropriando-se de seus recursos, acolhendo seus limites, sustentando-se na precariedade e na instabilidade, responsabilizando-se por sua existência, compartilhando-a com os demais, num processo contínuo de crescimento e abertura para a vida, a incessante obra de ser si mesmo e recriar o mundo.

Essa recriação de um mundo novo, com novas configurações e recursos, traz importante crescimento, a partir da construção de uma nova compreensão de si, do mundo e das relações. Reconstruir a vida, sem uma presença significativa, requer reaprender a estar no mundo e uma nova forma de existir.

Vida, morte, perda, sofrimento e crescimento são condições indissociáveis da trajetória humana. Considerar a morte parte do existir possibilita atravessar a vida de forma mais consciente e plena. Poder ter lugar na vida de alguém e ser lugar de alguém na vida constituem o sentido maior de uma existência plena em significado. Essa forma de viver implica muita coragem, pois para isso apropriar-se da finitude de si e do outro é fundamento.

REFERÊNCIAS

Ajzenberg, T. C. P. *et al.* "A gênese da construção da identidade e da expansão de fronteiras na criança". *Revista da Gestalt*, n. 7, São Paulo, 1998.

Bauman, Z. *Amor líquido: sobre a fragilidade dos laços humanos.* Rio de Janeiro: Jorge Zahar, 2004.

Bowlby, J. [1979]. *Formação e rompimento dos laços afetivos.* São Paulo: Martins Fontes, 1990.

Cardella, B. H. P. "Ajustamento criativo e hierarquia de valores ou necessidades". In: Frazão, L. M.; Fukumitsu, K. O. (orgs.). *Gestalt-terapia: conceitos fundamentais*. Coleção Gestalt-terapia: fundamentos e práticas, v. 2. São Paulo: Summus, 2014.

____. *De volta para casa: ética e poética na clínica gestáltica contemporânea*. Amparo: Gráfica Foca, 2017.

Couto, M. *Um rio chamado tempo, uma casa chamada terra*. São Paulo: Leya, 2012.

FRANCO, M. H. "Por que estudar o luto na atualidade?" In: FRANCO, M. H. (org.). *Formação e rompimento de vínculos – O dilema das perdas na atualidade*. São Paulo: Summus, 2010.

____. "Pesquisas e práticas sobre o luto no exterior e no Brasil?". In: Fukumitsu, K. O. (org.). *Vida, morte e luto. Atualidades brasileiras*. São Paulo: Summus, 2018.

Fukumitsu, K. O. "Morte e processo de luto: lições para o recomeço da vida" In: Oddone, H. R. B.; Fukumitsu, K. O. (orgs.) *Morte, suicídio e luto: estudos gestálticos*. São Paulo: Livro Pleno, 2008.

____. *Perdas no desenvolvimento humano: um estudo fenomenológico*. São Paulo: Digital Publish & Print Editora, 2012.

Hycner, R. *De pessoa a pessoa: psicoterapia dialógica*. São Paulo: Summus, 1995.

Lima, P. V. A. "Autorregulação organísmica e homeostase". In: Frazão, L. M.; Fukumitsu, K. O. (orgs.). *Gestalt-terapia: conceitos fundamentais*. Coleção Gestalt-terapia: fundamentos e práticas, v. 2. São Paulo: Summus, 2014.

Lucca, F. "Auto-regulação organísmica". In: D'Acri, G.; Lima, P.; Orgler, S. *Dicionário de Gestalt-terapia: "Gestaltês"*. São Paulo: Summus, 2007.

Mocellim, A. "A questão da identidade em Giddens e Bauman". *Revista Eletrônica dos Pós-Graduandos em Sociologia Política da UFSC*, v. 5, n. 1, ago.-dez. 2008, p. 1-31. Disponível em: <http://www.periodicos.ufsc.br>. Acesso em: 17 mar. 2019.

Parkes, C. *Luto: estudos sobre a perda na vida adulta*. São Paulo: Summus, 1998.

____. *Amor e perda: as raízes do luto e suas complicações*. São Paulo: Summus, 2009.

Perls, F. *Gestalt-terapia explicada*. São Paulo: Summus, 1977.

Perls, F.; Hefferline, R.; Goodman, P. *Gestalt-terapia*. São Paulo: Summus, 1997.

Polster, E.; Polster, M. *Gestalt-terapia integrada*. São Paulo: Summus, 2001.

Sousa, L. E. E. M. "O processo de luto na abordagem gestáltica: contato e afastamento, destruição e assimilação". *Revista IGT na Rede*, v. 13, n. 25, 2016, p. 253-72. Disponível em: <http://www.igt.psc.br/ojs>. Acesso em: 21 mar. 2019.

Tejera, M. H. D. *A esfera privada na pós-modernidade: uma análise a práticas na internet*. Tese de doutorado. Programa de Pós-Graduação em Comunicação Social, Pontifícia Universidade Católica do Rio Grande do Sul, 2006. Disponível em: <http://hdl.handle.net/10923/2143>. Acesso em: 17 mar. 2019.

Worden, J. W. *Terapia do luto*. Porto Alegre: Artes Médicas, 1998.

Yontef, G. M. *Processo, diálogo e awareness*. São Paulo: Summus, 1998.

Os autores

Ailton Gomes

Psicólogo e Gestalt-terapeuta formado pelo Instituto Sedes Sapientiae. É idealizador e criador da Tons Psicologia LGBT+, marca pela qual desenvolve seu trabalho clínico com foco em diversidade. Ainda por meio da Tons, atua com psicoeducação nas redes sociais, contribuindo para a minimização do preconceito frente às sexualidades e identidades de gênero da comunidade LGBTQI+.

Bruno Antônio de Lima Nogueira

Médico psiquiatra e mestre em Ciências da Saúde pela Universidade Federal de São Paulo (Unifesp). Psicoterapeuta especializado em Gestalt-terapia pelo Instituto Sedes Sapientiae. Professor de Psiquiatria e Psicologia Médica na faculdade de Medicina do Centro Universitário São Camilo. Escritor, é autor do livro *A escolha de Gundar* (Labrador, 2018) e da crônica "Ao ser médico", da revista *Ser Médico* n. 87.

Carla Poppa

Doutora em Psicologia Clínica pela PUC-SP e professora do curso de especialização em Gestalt-terapia no Instituto Sedes Sapientiae e de cursos sobre o processo de desenvolvimento. Psicoterapeuta de crianças, adolescentes e adultos e supervisora de casos clínicos de crianças e adultos. Autora do livro *O suporte para o contato* (Summus, 2018).

Daniela Pupo Barbosa Bianchi

Doutoranda e mestre em Psicologia Clínica pela PUC-SP. Possui graduação em Direito e Psicologia. Gestalt-terapeuta, é professora do Instituto Gestalt de São Paulo, do Instituto Sedes Sapientiae e do Centro Gestáltico de Santa Catarina. É psicoterapeuta de adultos e crianças e supervisora clínica.

Ênio Brito Pinto

Psicólogo e psicopedagogo, é mestre e doutor em Ciência da Religião pela Pontifícia Universidade Católica de São Paulo (PUC-SP), onde fez seu pós-doutorado em Psicologia Clínica. Além de Gestalt-terapeuta, é coordenador do Núcleo de Terapia Breve do Instituto Gestalt de São Paulo e professor convidado de diversos cursos de formação e especialização em Gestalt-terapia no Brasil. É membro do Instituto Terapêutico Acolher, especializado no atendimento psicoterapêutico a religiosos católicos. É autor de livros, artigos e capítulos de livros publicados nas áreas de psicoterapia, psicopatologia, sexualidade e psicologia da religião.

Karina da Silveira

Formada em Psicologia pela Pontifícia Universidade Católica de Minas Gerais (PUC-MG) em 2016. Especialista em Gestalt-terapia pelo Instituto Sedes Sapientiae em 2019. Tem atuado como psicóloga clínica na cidade de Poços de Caldas, e seu público-alvo inclui pré-adolescentes, adolescentes e adultos. Além disso, tem ofertado palestras à comunidade com temas referentes à saúde mental e Gestalt-terapia.

Kleiton Gomes Peixe

Psicólogo clínico e institucional, e Gestalt-terapeuta. Trabalha na área da gerontologia, como membro da equipe interdisciplinar de uma instituição de longa permanência para idosos, sendo esse público seu maior foco de estudo. Realiza palestras e rodas de conversa em escolas e ONGs.

Margaret Marras

Psicóloga pela Universidade de São Paulo (USP), é pós-graduada em Gestalt-terapia pelo Sedes Sapientiae e MBA em Gestão Estratégica Internacional pela USP. Consultora e psicoterapeuta, há mais de 20 anos vem estudando desenvolvimento humano nas organizações e usando a psicologia aplicada em suas práticas de consultoria no suporte à realização das potencialidades individuais.

Patrícia Barrachina Camps

Psicóloga pela Universidade Metodista de São Paulo, é mestranda em Psicologia Clínica pela PUC-SP. Especialista em Teoria, Pesquisa e Intervenção em Luto pelo Instituto Quatro Estações – SP. Especialista em Gestalt-terapia pelo Instituto de Gestalt de São Paulo.

Samanta Santos da Fonseca

Graduada em Psicologia pela Universidade Cruzeiro do Sul (2014), exerceu seu primeiro ano de profissão no programa de Aprimoramento Profissional em Psicologia da Saúde do Hospital Santa Marcelina (2015-2016). É Gestalt-terapeuta formada pelo Instituto Sedes Sapientiae (2019), integrante do Coletivo Redes Pretas e parceira do Instituto AMMA Psique e Negritude. Tem experiência na área clínica (psicoterapia a adultos e idosos). Atua, principalmente, sobre os seguintes temas: Gestalt-terapia, relação dialógica e clínica gestáltica das relações raciais, com ênfase na saúde da população negra. Realiza palestras e é colunista na Rede Dandaras – Saúde da Mulher Negra. E por último, e não menos importante, mãe do menino Zuhri.